続続・生き方考

（私の思考・私の行動・私の生き方）

教育、福祉、そして人権のことども

田 中 憲 夫

一莖書房

はじめに

〝教育という営み〟は、「教え且つ育てる行為」のことなのだが、これを【教師の仕事】と捉え直すと、常に「教師自身の生き方（思考・行動・思想等の総体）」が問われるだけでなく、教育の対象者である「子どもの在り様」を無視しては、成り立たない仕事である。

この「子どもの在り様を無視して……」とは、別言すれば、教師の働きかけに対して、子どもが「納得と了解」することであり、更に進んで「合意」していくことでもある。この「納得と了解」を子どもが示す言葉や姿で表せば、〝あっ、そうか！〟であり、〝うん、分かった！〟と子ども自ら発する時である。その時の子どもの表情は、明らかに一歩前へ踏み出そうとしている。自分なりに納得し了解したのだから、暗さや逃げ腰の様相は全く感じられない。更に言えば「合意」するとは、情意のみならず論理を構成して理解し、自分の内実として定めた時である。

でも、この「納得と了解」そして「合意」が、教師と子どもによる日々の教育活動の中で、どれほど成立しているのだろうか。「いじめ」が横行し、「不登校」の子どもたちが増大している現象は、「納得・了解・合意」の形で、日々の教育が営まれているとは到底思い難い。

子どもは、子ども故に、物事を的確に表す言葉を持たず、否、知らない場合が多い。でも、「言葉を持たない・知らない」ことと、「分からない」こととは同義ではない。子どもには、大人の言葉が示す内容を一瞬にして感応し感じ取ってしまう能力がある。時には、大人以上に理解してしまう。子どもの持つ感受性・感応性・即応性を知らずに、不知者、あるいは世間知らずの未熟者と決め込んでいると、大人は無意識裡に子どもが知らぬ用語・言葉を上意下達の如く押し付けていく。特に、「子どもの在り様」が見えなくなった教師は、子どもの示す「納得と了解」そして「合意」を見失っていく。見失うだけでなく、理解力不足・活用力不足・記憶力不足等と子どもに烙印を押し、一方的詰め込みに走り出す。今、一〇〇年に一度という未曽有のコロナ禍の中で、子どもを〝教育する営み（教え育てる行為）〟の本質が露わになり、問われている。

「子どもの在り様」を認めることとは、「子どもに学ぶ」ことに他ならない。教師は、自らの理解を総動員して子どもに働きかけるが、その時の理解は「教師自身の理解の有り様」であって、「子どもの理解や理解の道筋」とは同じでないし、むしろ異を感じるほど違っている。だから、教師は「教師自身の理解の有り様」と一致すべく、絶えず「子どもの理解の有り様と理解の道筋」を子どもから学び取らねばならない。

つまり、「子どもから学ぶ」とは、「教師自身の理解の有り様」を「子どもの理解と理解の道筋」に帰一することである。その時、〝教師の論理と子どもの論理のぶつかり合いの中で、教師は子どもの論理を読み取り、子どもの思考や理解の道筋を感得し、教師も子どもも「共に共有し得る理解」を構築していく〟という激しく厳しい営みを指す。当然なことに、お互いの信頼が基底になることは言うまでもない。

沖縄の保育園・こども園に、ボランティア活動として「音楽劇」の手入れに入って一〇年が過ぎた。三歳児・四歳児・五歳児の子どもたちと、歌ったり、語ったり、様々の身体表現を工夫してきたが、子どもたちは「つわもの・もののふ揃い」で、汗まみれの日々を繰り返して来た。でも、つくづく思うのは、小学校教師の時と同様に、五歳児や四歳児のみならず、三歳児でも自分なりの主張があり、自分なりの理解があり、自分なりの工夫が生まれることだった。しかしながら、それは何時の時でも、子どもが「納得と了解」した時であり、子どもが私の働きかけを全身で受け留めた時であった。

私が学生の時、理科教育の高橋金三郎先生をチューターとして、エンゲルスの『反デューリンク論Ⅰ・Ⅱ』（新潮社刊）と三浦つとむの『弁証法とはどういう科学か』（講談社現代新書刊）をテキストにして、『自然弁証法』の自主ゼミを行った時のこと。毎週一回、水曜日の午後に高橋研究室に六名の学生が集まって、意見・考えを言い合っていたのだが、時は大学紛争真っ只中だった。全共闘を名乗る連中が校舎をバリケード封鎖し、学生集会の呼びかけが連日校地内に響き渡っていた。そんな中で、遂に自主ゼミの仲間が一人も集まらない時があった。二〇分待っても、三〇分待っても一人も来なかったので、高橋金三郎先生に〝誰も集まらないので、今日の自主ゼミは休みにします〟と言いに行った。すると、じっと聞いていた高橋金三郎先生は、憮然とした表情で、〝田中君は、戦争になると勉強を止めるのですか……〟と言ったのだった。

また、宮城教育大学附属小学校に勤務していた時、音楽劇『火い火いたもれ』に梶山正人さんと一緒に取り組み、斎藤喜博さんに〝手入れ〟をしてもらう機会があった。土曜日の二校時目ということだったが、二校時が終わっても、〝手入れ〟は終わらない。業間時の三〇分が過ぎても終わらない。三校時目は「クラブ活動」の時間だったが、それでも終わらない。それで、小休憩に入った時、梶山正人さんと二人で、斎藤喜博さんの所に〝ここで、終わりにしたいのですが……〟と言いに行った。すると、斎藤喜博さんは私らを突き放すように言ったのだった。〝あれで、分かるのですか！〟と。

この二事は、私の「生き方考」の源泉深く、滓のようにずっとこびりついている。というより、我が「生き方考」の絶えざる原点と言うべきか。一生、この二事を出発点として、歩む他ないと覚悟している。

目次

I

『生き方考』・『続・生き方考』の続き

《生き方考》その一七八
「男の甲斐性・男の美学」と「男の特権」の混同

二〇一八・六・九

何が問題なのかずっと気になり、書けずにいたのが、「貴乃花騒動での一連の問題」であり、「伊調馨が受けたパワハラ問題」であり、「財務省・福田事務次官のセクハラ問題」であり、「日大アメフトの暴力ファウル問題」である。落語の三題小噺ではないが、どれも繋がり合った同根の問題のような気がするが、その根を摑めずにいたのだった。

「男の甲斐性」なんて、男が勝手に粋がって、カッコをつけているだけなのかもしれない。相手（対象）になった女性からすれば、一瞬「助かった」とか、「嬉しかった」と思うかもしれないが、内心〝いい気になっているのだから好きなようにやらせておきましょう〟とか、〝本当は、余計なお世話なんだけど……〟と思っているようだ。あるいは、もっと打算的に「お金」が絡んでのことだけだったりする。今思うと、「男の甲斐性」なんて、時代の中を闊歩してきたが、男を持ち上げ、男をてなずけることで生存競争を賢く生き抜く、女性の生存戦略だったのかもしれない。ともあれ、「甲斐性」を護符に、家族や女性のために労を惜しまないのなら、それはそれで丸く収まるのだから、目出度いことなのだろう。

「男の美学」も同様である。様々の嫌がらせや排除に耐え、一縷の希望のために忍従に甘んじ、苦悩・苦渋に耐え忍んでいく。そして、我が身の名誉や誇り・矜持のために、命をも賭していく。孤高の志を高く掲げて、時には敢然と死地に赴き、無駄死にも恐れない。まあ、今時の感覚からすれば、〝何一人でお調子こいて、自己満足も甚だしい。勝手にやったら……〟となるのが、相場だろうか。

どうも、相撲界での「貴乃花への処置」や「女性を土俵に上げない姿勢」は、「男の美学」が絡んでいる気がしてならない。同じく、オリンピック四連覇を果たした伊調馨選手への栄監督の行動も、「男の甲斐性」が絡んでいるのだろう。財務省の福田次官のセクハラなんて、「男の甲斐性・男の美学」から特進した「男の傲慢」以外の何物でもない。

日大アメフト部の内田監督も、「男の美学」に酔いしれていた男である。上意下達の序列構造を美とし、努力・根性・忍耐を美とし、敢然と死に赴く配下を美としたのである。後聞によれば、内田監督は、学生や職員の人事権も握り、恣にしていたとか。

「男の甲斐性」も「男の美学」も、「思想・信条の自由」の範疇である。そう思うことで、我が身の梁になり、張りが生じるならば、お互いの了解事項となっていけばよい。しかしながら、それが、「男の特権」だと思い行動し始めた時、害毒をまき散らす。やはり、お互いの納得・了解、理解・合意を基底にした「人権」がキーワードになる。

《生き方考》その一七九

「記録を取る」・「記録を残す」意味

二〇一八・六・一六

公文書の改ざん及び交渉記録の廃棄問題で、財務省の佐川宣寿前国税庁長官・元理財局長を初め、財務省職員二〇名が処分になった。しかしながら、麻生太郎財務大臣は、依然として、組織的関与はなかったと言い続けている。また、この件に関して、福田康夫元総理（※首相当時、公文書管理法制定に尽力）は、六月九日付朝日新聞紙上で「国民がその時々の政治や行政を評価するためには、後々まで残る正確な記録が必要になる。それが選挙では投票行動につながり、政治家が選ばれ、政策が決まっていく。正しい情報なくして正しい民主主義は行われない。記録というのは民主主義の原点で、日々刻々と生産され続けるのです。……まさか、改ざんするなんて想像もしなかった。改ざんは、びっくりだね。」と述べている。

日本の官僚組織が、時の権力になびくのは、必然であろう。しかしながら、為政者の意を忖度し、追従に走るのは、保身のためとしか言いようがない。官僚としての識見が、全く消え失せてしまっているからである。日本の未来像を、官僚として、時の政権の意向とどう対峙するのか。まさに、官僚自身の「生き方考」である。

翻って、学校における記録、というより教師における「記録を取る」・「記録を残す」意味は、奈辺にあるのか。

学校（教師）は、学校教育法が示す通り、教育行政を具体的に体現・実施していく組織（要員）である。しかしながら、教育という営みは、現状を止揚や揚棄していく行為・行動を、常に内包して行われていく。だから、学校の在り様や、教師の仕事の在り様は、教育行政施策を追随するだけでは、収まらない。

尤も、「収まらない」からと、教育行政施策を無視し、我流の判断のみで勝手に実施・実践されていったのでは、たまったものではない。国民の意思を蔑ろにし、なによりも被教育者である子どもの存在を無視し、否定しているからである。だから、前述官僚と同じく、学校の「生き方考」であり、教師の「生き方考」が、社会から問われ続ける。

「生き方考」は、学校（教師）の実践記録に表れる。組織体としての体をなさない学校は、それがそのまま、実践記録の文言に表れる。子どもから学ぶ姿勢の無い教師は、やはり、実践記録の文言に表れるのである。一見、指導の手順通りに事が進んだように書かれていても、一言一句の端々に、思い込み・偏見・傲慢・無視等の姿勢が滲み出る。

沖縄・あおぞら保育園に入って、九年になる。私たちと関わる毎に書いてもらう保育士さんたちの「感想文」が、時々の感想から、自分を見つめる形に変わってきている。しかも、子どもたちの変化や気づきの内容が、具体的に書かれるようになってきた。当然、保育士さんたちの文が、私たちの活動の鏡になったきた。私たちの「生き方考」なのである。

《生き方考》その一八〇

自然の驚異による人災事故

二〇一八・六・二二

六月一八日午前七時五八分。大阪北部を震源域とする震度六弱の地震が起こった。震源地は内陸部だったため、津波は発生しなかったが、震源の深さが13㎞というから、直下型の地震だったのだろう。だから、前震がなく、いきなり突き上げてきたらしい。宮城県での北部地震等の経験からすると、震源地真上の辺りは、深度六弱などと言うものではなかったと思える。詳しい観測報告はまだ出されていないが、阪神大震災の時のように、次々と火の手が上がることが無かったのは、幸いだった。でも、この地震で、大阪・高槻市の小学四年の女児が、登校中に学校プールのブロック塀の下敷きになり、死亡した。直後のニュースでは、〝阪神大震災でも倒壊しなかったので、安心していたのだが……〟との声が流れていたが、その後の報道で、ブロック塀の設置に建築基準法違反の疑いが浮上し、話はブロック塀の安全性に視点が移っていった。現在は、大阪府警が業務上過失致死の疑いで捜査を始めたようである。

高槻市の市長は、女児死亡の報に接し、すぐに謝罪の会見をおこなった。また、市の関係職員も建築基準法違反を認め、謝罪とともに何故野放し状態になっていたのかを早急に調査する旨の会見をしていた。しかし、該当校の校長は一切表に出てこない状態だったので、なんとなく気になっていた。自校のブロック塀倒壊であり、自校の小学四年女児の死亡であり、通学途上の歩道路にブロック塀が覆い被さって女児が圧死したのに……。多分、校長は事故後、すぐに善後策の指示も含めて市教委に連絡を取ったのだろう。そして、市教委から、マスコミ対応も含めて〝こちらで、対応するから……〟と言われたに違いない。だから、二日間もテレビに映らなかった。

今朝、掃除をしながらテレビのニュースを観ていたら、女性校長の謝罪会見の映像が映った。数秒の映像であったが、瞬間〈あっ、校長さん、謝ったんだ〉と思った次第。しかも、続くニュースで驚いたのは、この女性校長さんは、赴任した三年前に、市教委にブロック塀の安全性を確認していたと言う。その時、点検した市教委から「安全性に問題はない」との報告を受け、それでそのままにしていたというのだった。

このニュースを観ながら、私の脳内では「大川小の惨事」を思っていた。「震度六弱」というめったにない地震で、ブロック塀が倒壊して小学四年の女児を巻き込んだことは、設置者と管理者が責任を認め、市長と校長が謝罪したのである。しかも、校長さんは、赴任時にブロック塀の安全性を疑問視し、市教委に安全確認を求めていたのだった。

この女性校長さんは、善意で正直な人なのだろう。でも、何故市教委の安全報告を鵜のみにしたのか。日頃の市教委の姿から、信用・信頼性を疑わなかったのだろうか。やはり、善意と正直だけでは、校長職は務まらないようだ。

問われ続ける「公務員」の姿勢

《生き方考》その一八一

二〇一八・七・二二

西日本豪雨災害による被害が、長期化を様していている。北九州から、中国・四国・近畿地方に亘って、特に山間部から平地に抜ける地形の所（花崗岩による真砂土地帯）が、軒並みに被災しているのが特徴と言えば特徴なのか。

今回の「線状降水帯」という帯状に集中した豪雨災害で、死者だけでも二二〇人を超えている。また、家屋は津波災害と同様に、根こそぎ押し流されたり、土砂に一階部が埋まってしまったり、室内に泥水が流入して土砂の掻きだしに追われている。そして何よりも、家財の廃棄物が所狭しと道路や空き地に山積みになっている。避難者も、四〇〇〇人を超え、各地の体育館や公民館等に熱暑の中を暮らしているのだった。

豪雨災害から一週間経ち、一〇日経ちすると、連日のテレビニュースが、被害の惨状から避難所の在り方に視点が移ってきているようだ。つまり、長期を見通した施策や対策行動が求められだしていることなのだろう。だから、避難所での暑さ対策だけでなく、洗濯物の干場や、更衣室やトイレの区別、授乳の場所等の要望・改善策が災害放映に散見している。ＮＰＯのボランティア団体が入って、段ボールベットを作ったとか、間仕切りカーテンを設置した等々。

ボランティア団体が、自主的・積極的に被災地・避難所に入り、アイデアとノウハウを活用して救済・救援活動に精を出してもらうことは、有難いことである。無償の愛という「福祉の心」が無ければ、やれない事だ。しかしながら、翻って「自治体の災害時対策がどうだったのか」と問い直してみると、避難所運営の在り方だけに限っても、東日本大震災からほとんど学んでこなかったようである。高齢者対策、障害者対策、女性問題対策、乳幼児対策等、どれをとっても、実効性ある対応がまるで見られていない。

けだし、今日も、テレビを見ながら朝掃除をしていたら、七時のNHKニュースで、広島・呉市での高齢者家族の様子が映った。家族の介護を受けながら、一階のベットに寝ていたら豪雨に遭ったが、高齢者家族のため誰も寝たきり状態の老人を一階から二階に上げることすら出来なかったと言う。ただ、市の方に「災害時要支援者」の届けは出していたが、誰も手を貸しには来なかったとも言っていた。そして、その届け出た用紙が映し出されたが、なんと石巻市での「避難行動要支援者登録申請書兼避難行動要支援者個別支援計画」の用紙とすっかり同じだった。つまり、この届出体制は、石巻市の個別システムではなく、全国一律・一斉に作られた体制・システムだったのである。多分、東日本大震災後、厚生労働省からお金を絡めて、上意下達に指示されたものだったのだろう。だから、私が、地区民生委員の会議で、申請書内容は人権問題なので再検討してほしいと提言しても、「蛙の面に小便」だったのである。

「その気になる」のこと

《生き方考》その一八二

二〇一八・八・一一

一ヶ月程前に、元宮城教育大学教授・中森孜郎さんから『「憂憤録」の頃の私』という冊子が送られてきた。読むと、特攻兵士（突撃前に終戦になった）だった中森孜郎さんが、天皇に殉じる心のない輩が有象無象していることに、輩を憂い、国を憂いた文を書き綴ったものだった。戦後ベビーブーム世代の「戦無派」である私には、到底軽言出来ない内容である。それで、拙本『続・生き方考』を送ることで、中森孜郎さんへの返事に替えることにした。

八月一日に、到着したばかりの『続・生き方考』を中森孜郎さんに送ると、すぐ折り返しの返事が来た。返事には、私が「私らしく生きている」の感得や、「あなたの表現教育は、島小の斎藤喜博さん、そして梶山さんとの出会いが大きかった」等が書かれてあった。また、附属小に請われて、初期の合唱の会の様子を話し、その時オペレッタ『火い火いたもれ』の事を話したと書かれてあった。

私が、初任僻地の唐桑小学校から宮城教育大学附属小学校に転任するにあたって、選考委員会で相当もめたらしい。その時、当時の中森校長が強力に推薦したとか。後日、風の便りで知ったのだった。でも、何故転入のすることになったのか、その事情は今もって分からない。思えるのは、中森校長が私を「必要人事」と考えたからなのだろうが……。

で、中森孜郎さんからの返事の最後に、太田堯・中村桂子対談の『百歳からの遺言――いのちから「教育」を考える』（藤原書店刊）を読むように書かれてあった。早速入手して、『百歳からの遺言』を読むと、太田堯さんの言葉に「その気になる」ことの大事さが書かれてあった。

この「その気になる」は、一時、私も主張していた一言である。音楽劇に取り組むのに、子どもたちが「その気になる」のでないと、形式的で画一的な表現になってしまう。たとえ表現が稚拙であっても、子どもたちが「その気になる」と楽しい、創造的な表現が生まれてくるのだった。

でも、「その気になる」は危ない言葉だと、梶山組・相方の文屋國昭さんは言う。先月立て続けに処刑されたオーム真理教の面々は、麻原彰晃の言述に引き込まれ、その気になって「サリン事件」を起こしたからだ。だから、今は「納得・了解」という言い方をしている。子どもが〝うん、そうだ〟と納得し、〝うん、分かった〟と了解してくれたなら、「その気になる」と同じ状態になる。後は、「理解・合意」へと止揚して行けば良い。

太田堯さんは、何故「その気になる」に思い到ったのか。対談本によると、現職時に附属中学校で「人間の歴史」の授業をしていた時、生徒から〝どうして人間は、二足歩行をするようになったのですか？〟と尋ねられて、熟慮の結果、〝人間は、その気になったからだろう〟と応えた。それ以来、「その気になる」は、太田堯さんのキーワードになったようだ。

《生き方考》その一八三

研究者の「間合い」の取り方

二〇一八・八・一四

私は、数学をろくに勉強しないでしまったが、数学の思考法・思考癖は幾らか身に着いたようである。言い換えると、一つひとつ納得して次に進まないと、思考が破綻してしまう。これは、自然科学の宿命なのかもしれない。一方、社会科学や人文科学では、「一時凍結」が可能なようである。納得や理解困難な所があると、その部分を「一時凍結」しても先に進むことが出来る。〝ここの部分は、宿題！〟と「一時凍結」しても先に読み進められる。尤も、生半可で、中途半端な理解にしかなっていないのだろうが……。

今、白井聡氏の『国体論　菊と星条旗』（集英社新書刊）を読んでいるが、数頁毎に「立ち止まっては考える」が続いて、中々先に進まない。しかも、二・三割は「一時凍結」状態。私の思考と知識のいい加減さが身に染みる。

白井聡氏は、私より三〇歳も若い若手の政治学者である。余談だが、彼の本から「生き方＝way of life」を知った。

で、彼の著書『国体論』に戻るが、「天皇制とマルクス主義者」の項で、次のような記述があった。

「天皇制は、遍在するがゆえに不可視化されたシステムとして念入りに形作られ、圧倒的多数の日本人にとってほとんど「第二の自然」と化していた。そのような浸透の「成功」が、前近代の封建道徳の強固な残存のためであったのか、支配階級の倫理観（武士道における忠）の一般大衆への押しつけの結果であったのか、それとも乃木希典の死に即して触れたように、革命による社会分裂の調停者として天皇の存在が機能したことの帰結であったのか、本書が結論を下すことはできない。

だが、いずれであるにせよ、同様の事情は、現代の対米従属の問題にもあてはまることは指摘しておかねばならない。対米従属はある意味で実在しない。なぜなら、それは、諸々の問題はすべてバラバラの事象であり、それぞれに個別的な対処・改善が求められるにすぎない。この視線にとっては対米従属の問題を諸々の問題を貫く矛盾の核心と見る者は、日常的な視線の次元にとどまる者たちを「寝ぼけた哀れな連中」と見なすこととなる。

筆者の議論がどちらの陣営に属するものであるかは言うまでもなかろう。——以下略——」

これが、研究者の「間合い」なのだ。これ以上踏みこめば、右翼の刺殺対象になるだろうし、薄めて暈せば、ラジカル派から抹殺されるに違いない。

私は、人権の授業をしていた時、ふっと「天皇と人権」を取り上げようとしたことがあった。実際には、一切触れずに授業を終えたが、もし口に出していれば、翌日には、即解雇か、どぶ川に浮かんでいたかもしれなかった。

《生き方考》その一八四

「人権」とは、自分の「生き方」を見直すこと

二〇一八・九・二四

仙台の幼児保育専門学校で「人権教育」の授業を受け持ってから、二年になる。二年生の幼児保育科と子ども保育科の学生の二クラスが対象で、一五時間の半期・二単位取得になる。

私は、昨年も今年も、一四時間目の最後の授業では、〝「人権」を考えることは、自分の「生き方」を見直すことでもあるんですよ〟と、締め括ってきた。耳当たりの良い言葉を並べ立てても、あるいは美辞麗句をまくし立てても、その人自身の行動がそれらの言葉にそぐわない行動を取っていたなら、つまり「生き方」が不誠実で信用を失うものであったならば、その人の「人権感覚」も疑わしいからである。

今期の学生の中で、締めの授業の感想に、次のようなことを書いてきた学生がいた。

「子どもは、たくさんの人権に守られて生活が出来ていることを学んだ。貧困や環境の違いで十分な生活が出来ない状態にある国があるということは、とても苦しいことでした。今豊かな恵まれている環境にあることに感謝をして生活をしなければならないと思いました。幼稚園児の頃から習い事をさせてもらったり、小学生の頃はやりたいことを思う存分やらせてもらったり、高校は行きたい科があるからといって私立に行かせてくれたり、今やりたい勉

強ができていることは当たり前ではなかったことを学ぶことができた。前に父に「お前がやりたいと思ったことを全力でやれ」と言われたことがある。学生にしかない時間を大切にしながらやるべきことをきちんとやれるようになりたいと思った。今だからできることがたくさんあることは分かっていたが、時間を有効的に活用出来なかった夏休みの遅れは大きいかもしれないが、あと一年半の学生生活を大切にしていきたいと思うことができたのでよかったです。

十四回の講義、ありがとうございました。たくさん考え、たくさんの課題を見つけることができました。また、自分自身を見直すこともできました。大人になる私たちにとって、「子どもの人権」はずっと守っていかなければならないと思うことができました。子どものことや人権について学習できて、本当によかったです。子どもの人権を守っていける大人になれるよう頑張ります。ありがとうございました。」

こんな感想を書いてよこした学生だが、提携先大学出題の試験問題「『児童の権利条約』について述べよ」では、私は六九点の採点をした。残念ながら、論旨が不明な答案だったからである。多分、大学側の採点も同様だろう。でも、単位が取れればそんなことはどうでもいい。この学生は、自分の生き方（人権感覚）を見つめ始めたのである。

《生き方考》その一八五

樹木希林の役作り

二〇一八・九・二八

俳優の樹木希林が亡くなった。本人からすれば、〝俳優ではありません。役者です！〟と言うのかもしれないが、とにかく味のある役者だった。でも、「その味とは」と考えると、途端に茫漠として捉えどころがなくなる変な役者だった。でも、笑いと、ウイットと、信念を感じさせる魅力的な役者だった。

一昨日、NHKテレビで、NHKスペシャル『「樹木希林を生きる」』〝撮ってもいいわよ〟そして密着が始まった　全身がんでも映画出演　万引き家族・撮影秘話　突然の余命宣告……最期くらい好きにさせてよ』が放映された。

また新聞の番組紹介欄では、

「俳優の樹木希林さんが亡くなった。75年の生涯だった。私を撮ってもいいわよと、樹木希林さんから長期密着取材の許可をもらったのは昨年6月。結果的に希林さんが出演する最後のドキュメンタリーとなった今回の番組。仕事、家族との関係、そして日々の暮らし。希林さんはどんな思いを託そうとしたのか、密着取材を通して伝える。」

と、書かれてあった。

樹木希林は、昔々「悠木千帆」と名乗っていた。それが、いつの間にか「樹木希林」となっていたので、〝何でだろう？〟と思っていたが、後日談では、「お金がなくて、芸名を売った」とか。また、ロックシンガーの内田裕也と結婚したが、DVに耐えきれず、別居生活になったらしい。これも、〝何で、離婚をしないのだろう？〟と思ったりした。世の芸能評論家氏から、〝希林さん自身が、ハチャメチャなロックなので……〟とか、〝意地を張り続ける一本気な人なので……〟とのことが聞こえてくるが、それは芸能ゴシップの世界での話。でも、今回のスペシャル番組を観て、樹木希林の「生き方」がそうさせてきたのだと、何となく分かった。

樹木希林の「役作り」、というより「役を演じる」ことは、彼女の生き様の投影であり、彼女の「地の姿」が「役」と同化していく事が彼女流の「役作り」であり、彼女ならではの「役を演じる」ことなのだろう。だから『万引き家族』で、離婚してきた他人が婆さん役の樹木希林と同居し始める時、監督に〝何で、離婚してきたの？〟としつこく尋ね、監督が口籠っていると、〝そこが分かんないと……。リアリティがないのよねえ〟と言うのだった。彼女にとって、「役を演じる」上で、「リアリティ」こそが生命なのであった。つまり、樹木希林にとって「役を演じる」ことは、役柄に化けることではなく、自分の生き方・生き様と「役柄」を同化していく姿なのであった。

《生き方考》その一八六

稲田朋美氏に代表される「保守」思想

二〇一八・一〇・二

以前に『生き方考』の七（「分からないから、やってみる」）で、【教育という営みは、極めて保守的である】と書いたことがある。でも、革新を自認している人たちの多くから、反発されてきた。〝それでは、子どもも、子どもの未来も変わらない！〟と言う。「事実の積み重ね」の意味が、私の言葉（言語表現）では通じなかったようだ。

今日の朝日新聞・「新潮45揺らぐ論壇」の特集記事に、稲田朋美氏が「多様性尊重保守の本来」というタイトルで、一一〇〇字の投稿文を乗せていた。稲田朋美氏とは、昨年防衛庁の日報問題で防衛大臣を引責辞任した、弁護士出身の自民党衆議院議員である。一九五九年生まれとか。その彼女が、水田水脈氏の主張（LGBTには生産性が無い）を許容する一文を書いたのだった。

彼女の主張は、次の二点にあるようだ。①「LGBTの問題は、歴史認識やイデオロギーとは関係なく、人権の問題だと考えています。」②「保守とは本来、多様性を認めるものです。……自分がすべて正しいとは思わず、色々な考えを聞いて賛同すれば考えを変える。それこそが、保守の姿だと思います。」

①の、「LGBT」を人権の問題と捉える感覚は、さすが弁護士だと思った。「LGBT」の問

題は、「人が、人として生きる」という基本的人権の問題だからだ。でも、「人権」問題だと仕分けしても、法に則った建前論が述べられるだけでは、苦しみ悩んでいる人には、何の解決も生みださない。世俗の通念や差別意識に楔を打ち、「人が、人として生きられる」ように法の文言を梃子として、新たな状況を創り出すのが「政治家」の仕事のはず。残念ながら、過去の彼女の言動からは、安倍晋三内閣への忠誠心と忖度ばかりが目についたものの、「人権」状況が好転する何ものも生み出したはしなかった。

また、②の「多様性」も、無造作に使っていていい加減である。もし〈何でもあり〉を「多様」とするなら、嘘を付いたり、誤魔化したり、出鱈目に言い繕ったり、保身に走ったり……、も含んでしまう。あるいはまた、自分は「選民」とばかりに、他人を蹴落としたり、他人を踏み台にして「勝ち組」に居残ることも含まれてしまう。つまり、「多様」の内実を吟味・昇華しなければ、〈何でもあり〉と「多様」は同義になる。別の言い方をすれば、社会の内部に潜む「差別」と「排除」の構造を解消し解決する道を探り出していかない限り、「人権」に基づく「多様」は生まれてこない。それを基底にした「保守」でなければ、差別と排除の構造を拡大強化していくだけである。「人権」問題は、究極「差別と排除」の否定であるはず。それを志向し且つ指向しない「保守」は、現状維持だけの「固守」でしかない。

《生き方考》その一八七

沖田×華の「発達障害」から

二〇一八・一〇・五

沖田×華さんは、まだ四〇歳前の女性だが、発達障害を自認する漫画家である。著作本のプロフィールには、「小学四年生の時、医師よりＬＤ（学習障害）とＡＤ／ＨＤ（注意欠陥／多動性障害）の診断を受ける」と書かれてある。多分、子どもの頃は、興味に任せてうろうろと歩き回っていたのだろう。また、一つのことが気になると他のことを忘れてしまう（放棄してしまう）らしい。それから、感情が高ぶるとその世界に陥ってしまい、情緒のコントロールが利かなくなるようだ。更には、相貌失認で相手を識別出来なくなる、等々が日常の姿だったとか。

そんな沖田×華さんの『透明なゆりかご』が、ＮＨＫテレビで四五分／回のドラマとして、一〇週連続で放映された。

産婦人科の病院での出来事がドラマの内容になるのだが、胎児の中絶や、妊婦や家族が巻き起こす妊娠・出産期の心の揺れ、はたまた妊婦や出生児の死亡等、生命に関わる重いテーマが連続したドラマだった。イケメンの若い産科医師や、重鎮・不動の看護師長、バリバリで常にてきぱきとした主任看護師、そして看護師志望の女子高校生アルバイト等で多彩な彩りを醸し出していたが、なにせ、観ている視聴者に、「生と死」の問題を問いかけ続けてくる。ＮＨＫの見識と識見に驚きながら観たのだった。

　題名にもなっている「透明なゆりかご」とは、ヒトとしての生を花開かせることなく、中絶手術によって掻き集められた受胎片を入れるプラスチックのケースのことである。その処理を任されたのがアルバイトの女子高生である。そして、回収業者が何事も無かったかのように、病院から事務的に回収していく毎日。それを「透明なゆりかご」とネームにしたのだった。「ネーム」とは、これまたNHKの朝ドラ『半分、青い。』で知った業界用語であるが、マンガ本の出版業界では、本のタイトルと内容のテーマ（主題）を合一したものを「ネーム」というらしい。だから、『透明なゆりかご』なのである。NHK放映の『透明なゆりかご』では、題名に関わる直截な説明は一度も無かった。恥ずかしながら「透明なゆりかごって、何のことだろう？」と思いながら、ドラマを観続けていた。それが、我が娘からのアドバイス（マンガになって出ているよ！）の一言で、マンガ本を購入し、読んでみた次第だった。そこで初めて「さらっと描いているけど、とても重いマンガだ。こんなマンガを描く沖田×華って、どんな人なのだろう？」となった次第である。

　沖田×華さんは、感覚・思考・行動が通常とは大分ずれている。でも、これを「発達障害」と決済し、決着をつけていいのだろうか。〝子どもって、でこへごになりながら育つものよ！〟とは、名のある人の著書からではなく、先人の誰彼の大人から、子守唄のように聞かされてきたような気がするのだが……。

《生き方考》その一八八

黒澤明監督作品『生きる』のミュージカル化

二〇一八・一〇・一一

いつものように朝の掃除をしながらNHKのテレビニュースを観ていたら、黒澤明監督作品の『生きる』をミュージカル化し、東京・赤坂の劇場で、今月の二八日まで公演しているとのニュースが流れた。演出家は宮本亜門氏（六〇歳）で、三年越しに取り組んできた初演という。ミュージカルなので、当然音楽があり作曲家がいるのだが、アメリカのブロードウェイで活躍している、売出し中の若手作曲家だった（※一瞬だったので、名前を記憶できなかった）。

で、宮本亜門氏は、〝映画の『生きる』とは違った、ミュージカルならではの『生きる』を出してみたい〟と抱負を語っていた。ちなみに、志村喬演じる渡辺課長には、俳優の鹿賀丈史がなるとか。ともあれ、映像作品の『生きる』とは一味も二味も違うミュージカル作品の『生きる』があっても、「有り」だと思う。山本周五郎の歴史小説『赤ひげ診療譚』が、黒澤明監督の手にかかって、映画の『赤ひげ』が、小説の『赤ひげ診療譚』とはまた違った感動を呼び起こす見事な映像作品として蘇ったのだから。

ただ、公演そのものを観ていないのだから何とも言えないのだが、言葉では表し切れない表情や間、あるいは舞台空間が醸し出す緊張と解放感、とりわけ身体表現の細部をアップにすることで訴えかけてくる映像手法をどう乗り越えるのか、大いに興味をそそられる。それらを宮本亜門氏は、言葉（歌詞）と音楽でクリアしようとしているようだ。

例えば、志村喬演じる渡辺課長が、様々な障壁・困難を乗り越えて児童公園を完成させた後、雪のちらつく中を一人公園のブランコに乗って『ゴンドラの歌』〝命短し　恋せよ乙女　……〟を歌う場面がある。余命を使い切った満足と数々の困難を超えてきた充実感とで満たされるシーンだが、命の火が消えかかっていく姿を志村喬が演じるだけでなく、夜の暗闇や雪の舞い散る公園、一人ブランコに揺られる姿のアップ等で、観客に無上の感動を引き起こすのだった。それを、宮本亜門氏は、新たな歌詞と曲を付加することで乗り越えたいと言う。「一日　一日　足跡つけて　今熱く燃やし　生きることは　ただそれだけで　なんと美しい……」との歌詞と曲なのだが、この一事で東京まで見に行かなくとも、ミュージカルのスタイル・中身が分かった気がした。

話は変わるが、八幡保育園改め『みどりの森八幡こども園』では、子どもたちの「表現活動」の取り組みを、オペレッタや音楽劇ではなく、ミュージカルの呼称にしたという。私らは、子どもの成長・発達を保障する極めて有効な手立てとして「音楽劇」（音楽＋劇）に照準を定めているが、世の中では「オペレッタ」が流通しているし、「ミュージカル」も散見する。商業演劇の「ミュージカル」があって構わないのだが、この呼称は、私らの目指す「表現活動（音楽劇）」とは無縁の世界だと何故思わないのだろうか。用語の吟味も、活動の大事な志向になる。

二〇一八・一〇・一三

《生き方考》その一八九

動物行動学と「多様性」

沖縄から帰ってきて、気分転換にと歴史小説『信長の原理』（垣根涼介著　角川書店刊）を読み始めた。面白いような、それでてどうでもいいような気分で読み進み、一か月近くかかって読み終えた。何故この本を読み始めたかというと、「信長は、働きアリの姿から、〈四割のアリは、サボったり、手抜きをしている〉の仕組みを見つけ、それを家臣統率の原理にした」というキャッチフレーズに魅かれたからである。つまり、「働きアリの四割は……」の思考論理は、動物行動学の世界では、常識にも似た定説だったからである。

私が「動物行動学」の第一人者である日高敏隆さんの著書から「働きアリの四割は……」の話を知ったのはもう二〇年以上も前のことだったろうか。この「働きアリの四割は……」という話は、次のようである。

――餌と巣穴の間を、列を作って動いているアリの様子を観察すると、六割のアリはせっせと勤勉に餌を運んでいるが、どうも三割～四割のアリは、たらたらと不真面目で、働いているようには見えないのだった。それで、これら三～四割の「サボりアリ」を除いて「勤勉アリ」ばかりにしたらどうなるだろうかと、ピンセットで逐一排除してみた。すると、「勤勉アリ」ばかりになったはずのアリ集団に、新たな三〜四割の「サボりアリ」が生まれてきたのだった。――

この話に付随して、竹内久美子氏（日高研究室の出で、生物生態ジャーナリスト）の本を読んでいたら、イギリスの研究論文に「精子戦争」というタイトルで、次のような内容の論文があったと言う。

――男性精子の動きをつぶさに観察していたら、一個の卵子に向かう数千〜一億近くの精子が、整然と卵子に向かって突進していくのかと思ったら、そのうちの四割はいい加減にタラタラと、全くやる気無さそうに進むのだった。しかも驚くことに、一割〜二割近くの精子は、勢いのよい精子の進路をふさいだり、妨害して進路を変えさせたりして、邪魔っぱりに生きがいを感じているような動きをするのだった。――

この事の真偽の程はよく分からないが、どうも「動物行動学」の世界では、目的達成の行動に「一〇割の参加」や「全員一致団結して……」ということは、論理として成立しないらしい。つまり、「動物行動学」の世界でいう「多様」とは、中途半端のみならず、真逆の行動まで含めて「多様」というようだ。

では、何故に動物の行動に「相反する行動」が存在するのか。それは、生物進化の必然に因ると言う。皆が統一行動・全員一致の行動を取ると、何かの因果で危機に陥った時、全滅してしまうからだ。その時、反対行動（真逆の反応）を取るものに、生き残る可能性が出てくる。だから、

「動物行動」の世界では、真逆まで含めて「多様」というのだった。

《生き方考》その一九〇

戦闘優位（勝者の論理）と性暴力

二〇一八・一〇・一三

今年度の「ノーベル平和賞」に、コンゴのデニ・ムクウェゲ氏（六三歳）とイラクのナディア・ムラド氏（二五歳）の二名が選ばれた。一時は、アメリカ大統領のトランプ氏と北朝鮮首席の金正恩氏が取りざたされたことを思うと、真っ当な人選だと思う。

『週刊金曜日』の記事によると、デニ・ムクウェゲ氏は「内紛がつづくコンゴ民主共和国で性暴力の被害者の治療と救済のために尽力してきた医師」とあり、ナディア・ムラド氏は「北部イラクのヤジディー教徒の一人で、自身がＩＳ（イスラム国）の性暴力による被害者で、三か月後に性奴隷から抜け出した人権活動家」とあった。

で、今回の受賞から、私の「性暴力」に対する認識の甘さが、反省させられた。つまり、「性暴力」を〈戦争（戦闘）は、暴力が伴う破壊行為であり、敵対する相手を屈服させた戦勝行為の証し（性的欲求の捌け口）として活用してきた〉程度の認識しかしていなかった。だから、古代からあった戦勝側の凌辱行為に対して、「いくら暴力的に屈服させて子種を植え付けようとも、生まれた子には、その半分に私の血が流れている」の文言に、変に納得していた。また、勝者側の酒池肉林の姿や、奴隷化して性を弄ぶ姿にも、時代のあり様として知識化してきた。だから、先の大戦での「慰安婦」問題も、その延長線上のものとして捉えていた。

しかしながら、今回、ムクウェゲ氏に関する記事（河北新報・十月八日付）を読むと、『性暴力の背景に資源争奪「日本含め世界に責任」』のタイトル文言が書かれてあった。そして、世界メディアとのインタビューに応じて、「ムクウェゲ氏はコンゴの紛争について経済戦争だと表現。世界中の人々や企業は利益のことばかり考えている。利益追求が性暴力被害者の苦しみに直結していると訴えた。」と記事になっていた。コンゴ地域はレアメタル（希少金属）の産出地として世界から注目され、採掘に各国が凌ぎを削っている。そして、その採掘に利権が絡み、採掘国が部族間の内紛を引き起こして……とまでは、私の理解範囲だったが、それが「性暴力」とは結びつかなかった。ところが、記事中の後半に「コンゴでは最近も民兵らによる集団暴行事件が発生したと言及。兵士らが性暴力を家族や地域コミュニティを破壊するための戦争の武器として利用していると非難した。これまで治療を担当した患者の中に一歳半の女児がいたことも明らかにした。レイプされ性器が破壊されていたと説明。手術を重ね……」を読み、衝撃と共にようやく「性暴力」の中身が見えてきたのだった。「戦闘」は、相手を破壊し恐怖に陥れ、絶対服従の世界に落とし込むことで勝利する。

「性暴力」は、高価な武器や現金の多寡に拠らずとも、「悍ましさ」と「猛々しさ」だけで恐怖を生み出せるのだった。

《生き方考》その一九一
「弱い」ところに次へ進む課題が潜んでる

二〇一八・一〇・二三

私は、現職教師時代、「弱い側」に立つことを信条としてきた。子どもたちと関わる場合のみならず教職員の間でも、理屈抜きで「弱い側（いじめられる側・弾かれる側・邪魔にされる側・無能者と思われる側等）」に立ち、彼氏・彼女らと同調して、「正論」を言い続けてきた。尤も、「正論」と言っても、それは私の思い込みでの論であり、相手にすれば、〝何を勝手なことを！〟とか、〝いちいちかまして、余計な事を……〟と思っているのはありありだったのだが。ただ、別に「弱い者の味方」を気取る気は毛頭なかったのだが、異を感じて、黙っていられなくなるのだった。

今回、沖縄県知事だった翁長雄志さんの『戦う民意』（角川書店刊）を読んで、何故私が無意識にも前述のような思考・行動を取り続けて来たのかが、ようやく分かったのだった。「弱い側」には、〈次代を導く課題と解決法〉が内包されていたのである。

三七年の教師稼業を振り返ると、担任時代は、新しい学級を受け持つと、いじめやのけ者にされる子どもが必ず何人かいた。だから、その子どもらを〈どうやって学級の一員にしていくのか〉が、新担任としての大きな課題であった。また研究主任や教務主任時代には、事情はそれぞれ違っていても「ダメ学級」と烙印を押されている学級が、転任する度に、必ず複数学級存在していた。だから、これまた転任先の学校での一番の仕事は、そんな学級の教師も子どもも、全校の一員にすることだった。そして教頭・校長時代には、行政から「課題教員」とのレッテルを貼られたり、レッテルを貼られないまでも、職場内で一ランクも二ランクも低く見られている教師が、これまた複数人いるのだった。だから、ここでもまた一番の仕事は、その教師の持ち味・良さをフル活動してもらって、職場の貴重な一員になってもらうことだった。それらの時々を振り返ると、いつも「弱い側」に立って思考・行動していたのだった。

今振り返ると、私は「弱い側」と見られていた子どもたちや教師とは仲間・同僚にはなれても、残念ながらいつの時も全体の多数にはなれないできた。私自身がどの時も少数者でいるのだった。でも、翁長さんの『戦う民意』を読んで、改めて思うのは、「弱い」と思われている所にこそ、次の時代を切り開いていく手がかりが潜んでいるとの意を強く持つのだった。教育の世界にしろ、福祉の世界にしろ、法秩序の世界にしろ、政治の世界にしろ、「人としての存在」が対等且つ平等に認められ、「人としての存在」が遍く保障される、つまり「人権」が決して蔑ろにされない世界の実現は、「弱い側」の課題を具体的に解決していくことで可能になる。そのためには、「弱い側」の思いや論理を、皆で【納得と了解】の形で、そして更には【理解と合意】の形で認め合っていくしかないのである。

二〇一八・一二・二五

《生き方考》その一九二

『天声人語』に見られる「知的遊び」観

「表現の自由」の保障は、基本的人権の大きな根幹をなす。だから、何を書こうと、何を主張しようと、意図して相手を傷つけたり抹殺しようとしない限り、容認し合わなければならない。書かれた中身の正邪は、いずれ歴史に委ねられ、止揚する形で淘汰されていく。

でも、今日の朝日新聞『天声人語』欄に、次のような文が掲載されていた。私はこれを読み、こんな文を掲載する『天声人語』欄は、自ら腐れて、その結果自ら融けていき、更に自ら無になっていけばいいだろうに……と思った次第である。

「鬼って巨体。勝てるわけないよ。鬼ケ島で桃太郎はおじけづく。それでもお供の犬と猿、キジの果敢さを見て、遅れて刀を振り上げる――。『桃太郎が語る桃太郎』という絵本を読む。弱気な主人公が新鮮だ▼おなじみの昔天声人語話を主役の気持ちで描き直す「一人称童話」シリーズの第1作だ。少し計算高い「シンデレラ」、飽き性の「浦島太郎」と続編も出た。「他者の気持ちをくむ格好の教材になる」と評価され、今年のグッドデザイン金賞に輝いた▼「主役を悪役に描き変えるパロディ化はしない。あくまで原作を敬う。視点を変える体験をしてもらうのが狙いです」と企画した久下裕二さん。本業は広告のコピーライターで、児童書作りは初めてという▼昔話といえば三人称が当たり前。「そのとき桃太郎は」「シンデレラの本心は」と語られる。それを「そのとき僕は」「私の本心は」と再構成してみる。いわば知的な「ごっこ遊び」だ。触発されて昔話を一つ練ってみた。たとえば「笠地蔵」▼ああ、年の瀬なのに、笠は一つも売れねえ。持って帰れば、ばあさんに叱られる。あれ地蔵さんが雪に埋もれてお出でじゃ。「証拠隠滅に協力して下され」。笠を被せて帰るべ。売り上げは落としたことにすっか▼おじいさんを恐妻家に見立てたつもりだが、試してみると、思ったよりずっと難しい。それでも絵本の世界に入り込む過程が心地よい。「白雪姫」「一寸法師」「ウサギとカメ」。皆様もぜひ一度お試しあれ。」

話は変わるが、沖縄の勢理客・愛音こわんの両保育園と、「人物像の設定」の職員研修をしたことがある。題材は『大工と鬼ろく』だったが、事前に〝演じる子どもたちが対象なので、「人間讃歌」を意識して設定してみて下さい〟と条件をつけたものの、「大工はプライドが高い人」「大工は、鬼の力を利用して力を試したかった」「大工は仕事のできない監督」「大工は性格が悪い」「鬼ろくは女の人で、大工を好きになる」「鬼ろくは、契約の取れない営業マン」となり、「この村は、若者のいない老人だけの過疎の村」等々となったのだった。ここには、茶化して面白がる姿しかなかった。

童話作家の松谷みよ子さんは、善根臭のする『笠地蔵』がずっと好きになれずにいたそうである。でも、ある時、地元老婆の「六人の地蔵が、亡くなった六人の我が子のように思えて」自然に手を合わせる姿に触れ、一転好きになったとか。この一事を、「天声人語」の筆者は全く知らないようである。

《生き方考》その一九三

音楽劇の発想・思考・行動は「狂言の世界」に通じる

二〇一九・一・五

沖縄・『あおぞらこども園』のはと組（五歳児の年長組）は、今年度の音楽劇に『虔十公園林』（宮澤賢治原作・小松田克彦他脚色）に取り組んだ。その音楽劇『虔十公園林』の手入れをしていた時のことである。開幕の歌の後、三人の子どもが出て来て、虔十をバカにする場面がある。下手で虔十が、ブナの木々に雨が降り注いでいるのをいい気持ちになって楽しんでいる時、上手から子どもたちが出て来て「なわのおび、しめてるぞ」「やぶが青いってよ」「タカを見て、ええ気もちだってよ」とあざけり笑うのだが、二番目にしゃべる子どもの言い方がちょっと気になった。科白の文句は、「ほんとだ。やぶが青いってよ。きれいだってよ。」となっているのだが、長閑な口調で、まるで敵意を感じないような口調で喋るのだった。そこで、「もっと、あざけるように、虔十をバカにしていじめるように……」と言いそうになったが、黙って進めてみることにした。子どものしゃべり口調が、おおらかで、何の嫌みも感じなかったからである。異を感じた瞬間、私の中に「この子は、誰かからバカにされたり、さげすまれたり、いじわるされて排除されるようなことが無かったのかもしれない」という思いが湧きあがったのだった。つまり、愛情たっぷりと、大事に、そして優しく丁寧に育てられてきたから、このような口調になるのかもしれないと思ったのだった。私は、親でも、担当保育士でもないので、生活上の真偽は分からないが、結果的には、おおらかで伸びやかに、それでいて虔十に異質を感じる語り口調になっていったのだった。

話は変わるが、岐阜・『みどりの森八幡こども園』の園長稲葉将志さんが、一一月に訪問した時の感想で「音楽劇については、田中先生は狂言のようなものを求めてみえるのではないか」と書いてきた。その時は、「そんなに狂言を意識していませんよ」と思ったものだったが、今にして思うと、的を射た的確な捉え方だったのではないかと思うのだった。というのも、「人物像の設定」で何度も話したことであるが、〝音楽劇に出てくる人物（動物も含めて）は、「人間讃歌」

として設定してほしい。たとえ悪い役回りであっても、そこには、生きる人間としての面白さや、迂闊さ・呑気さ・思わず知らずの勝手さ等があるはず。それも含めて「人間讃歌」になるように……〟と言い続けてきた。でも、これって、まさに「狂言の世界」での、太郎冠者や次郎冠者、いかさま師、大名等の人物像そのものだった。

演劇として考えれば、リアルが追求され、真実が追求されるのと相まって、人間のおぞましさや、いやらしさ、あるいは、俗と欲にまみれた醜悪さが浮き出てきたりするが、伝統芸術と言われる「狂言の世界」は、全く違っている。

奇しくも、朝日新聞の新春特番で、野村萬斎さんが「狂言は、どんな人間も拒まない」と言っていたのだった。

二〇一九・二・三

《生き方考》その一九四

俳優「野村萬斎」考

福澤克雄監督の最新作『七つの会議』(池井戸潤原作)を観に行ってきた。野村萬斎さんが主役で、定時退社でぐうたらなサラリーマンを演じるという。もしかすると、『釣りバカ日記』の浜ちゃんみたいな役回りなのかしら……と思って観に行ったのだが。

『七つの会議』は、偽装に走る会社の、「内部告発」の映画だった。過去にデータ偽装で下請けの会社を死に追いやった特昇営業マンの八角民夫（野村萬斎役）が、昇進をあきらめた反面、ぐうたら振りを示しつつも、二度と不正を許さない信念を秘めてサラリーマンを続ける物語である。最後には、データ偽装不正の内部告発をしていくのだが、今を活躍している面々の配役なので、それぞれの重厚感や軽妙さが内容を濃厚に創り上げていた。萬斎さんの役作りも今までにない存在感を醸し出し、こういったサラリーマン役もあるのかと感心させられた。

『七つの会議』を観ての感想は、「面白かったけど、何となく下品！」だった。「面白かった」は、だらけることなくテンポよく進行し、ハラハラドキドキを次々と引き起こしてくれたからである。また「なんとなく下品」は、北野武監督の作品群を思い起こしたからである。北野監督からすれば、〈暴力は人間の性（サガ）〉とばかり、暴力を連発するのだが、この映画での俳優陣の発する目力や恫喝が真に迫っていただけに、暴力が引き起こすイライラ感や不安定感、卑屈な世界に落ち込む感覚を想起させたからである。下ネタの連発や猥雑・猥褻を持ち込んだ意味での「下品」では決してなかったのだが、当節のサラリーマン体質や会社人間を地でいく感じがして、「下品」と評した次第である。

奇しくも、現実の世の中では、厚生労働省のデータ改ざん・データ偽装が世情を賑わしている。出世と保身、忖度と無責任が、統計偽装の形で十数年前から平然と行われてきたのだから、官僚組織・官僚機構に関わる者の「下品さ」を強く感じざるを得ない。決して、萬斎さんや他の俳優陣の演技資質が「下品」と言うものではない。

ともあれ、最近の萬斎さんは、様々の所に顔を出している。公文式のコマーシャルから、笑福亭鶴瓶の『A-Studio』、そしてお笑い番組のゲストと、足繁くというか忙しく動き回っている。東京オリンピックの演出総監督になったためなのかもしれないが、萬斎さん自身、様々の世界を楽しんでいるのかもしれない。そういえば、『A-Studio』の番組の中で、鶴瓶が、「チャラ男かと思っていたら、結構一途で……」と萬斎さんの息子の裕太君による萬斎評をバラしていた。萬斎さんが奥様を射止めるのに、地道に繋がりを作っていったことが裕太君には意外だったらしい。萬斎さんは、多面・多様な仮面を持ちたいようだ。それが、伝統芸の狂言とどう繋がるのか。野次馬には楽しみでもある。

二〇一九・二・三

《生き方考》その一九五

「人権」という意識・発想への昇華

一昨日の金曜日に、突然玄関のチャイムが鳴って、人が訪ねてきた。相棒殿が応対に出て行ったがなかなか戻ってこない。どうしたのかと私も出てみると、〈物売り風のおばちゃん〉とやり取りしている。聞けば、〝所帯主の名前と住所を教えてほしい〟と言っている。私はすぐに、国勢調査か何かの調査員だな……と思ったので、手にした身分証明書やパンフレットを見せてもらった。パンフレットには、「労働力調査のお知らせ」と書かれてあったので、すでにマスコミや国会で問題になっている「調査統計の不正問題」での後追い調査だなと思った。その調査員は、〝国とは関係ありません。これは県から委託される調査の、事前確認のための調査です〟と言う。それで、〝何のための確認ですか？〟と更に訊くと、〝本調査はこれからやるのですが、その本調査にお宅が該当するかどうかも分かりませんが、該当者は無作為抽出での1／3になりますので……〟と要領の得ない説明をくだくだと繰り返すのだった。それで相棒殿は、不審者対応をしだしたのだが、私には調査員の資質・能力を云々する気は無かったので、〈物売り風のおばちゃん〉の身元確認をしてパンフレットを受け取り、私の名前と住所を教えてやった。すると、〝字を間違うと悪いので、記入用紙に書いてほしい〟と言う。私は、「ははあ、調査員自らが書くと、内部の上司（県の調査統計担当の職員）から、本人確認を疑われるのだな」と即座に思い、自筆で記入した。ところが、用紙を盗み見すると、隣家の欄には家族四人の名前が列記されていた。またまた、新たな疑問や確認調査のいい加減さを感じたが、〈物売り風のおばちゃん〉を責めても詮がない。〝この辺にお住まいですか？〟、〝こういった地道な仕事って大変ですね．どの位担当しているのですか？〟と日常会話的に尋ねてみた。会話から、国や県の本気度が推し量れるからである。曰く、地元の蛇田地区ではないが、石巻在住で一〇〇戸位を三～四か所関わっているのだと言うのだった。パンフレットには、「労働力調査は、我が国における就業・不就業の実態を明らかにすることを目的とした、……政府の基幹統計調査です。この調査は、毎月の「就業者数」や「完全失業率」がわかります。総務省統計局が都道府県を通じて毎月実施……」と書かれてあった。でも、現在地に移り住んでから三〇年を超すが、「国勢調査」以外、一度も調査員が確認に訪ねて来たことはなかった。

話は変わるが、国会で阿倍晋三首相が「小四女児の虐待死」を取り上げて「悔やんでも、悔やみきれない……」と述べていた。でも、ただの一度も「人権」の文言は聞かれなかった。官僚作成の答弁書を読んでのことだから、当然といえば当然のことだが、ここに、阿倍首相の体質、自民党政治の指向、そしてキャリア官僚の保身と忖度の姿勢が色濃く滲み出ている。やはり、人権感覚や、人権による論理構成が、これからの日本では是非とも求められていくと思うのだった。

《生き方考》その一九六

「統計不正」に関わる総務省の本気度

二〇一九・三・一九

〈物売り風のおばちゃん〉の容姿をした国勢調査員が、一昨日の日曜日、再度我が家を訪ねて来た。聞けば、〝お宅が調査の対象になりましたので、ご協力お願いします〟ということである。「何故、我が家なのか」の説明は一切なく、徐に調査用紙を出して、〝三月と四月の二回、調査に来ますので、黒鉛筆で記入しておいて下さい〟と言うのだった。写真入の名札を首から下げているので、「不審者」ではないと意思表示をしているのだが、態度・物腰・口調等がいかにも怪しい。それで、どの程度の使命感や責任感を持っているのか知りたくなって、キャッチボールを始めた。

〝何で、黒鉛筆なの？　ボールペンでは駄目なの？〟。すると調査員の彼女は、〝ボールペンだと、後で消して直せなくなるから……〟という。要は、「誤記入をした時、訂正出来る」ということなのだろうが、「都合のいいように、勝手に直されてしまうかもしれない」という疑念を抱かせる応対だった。「何故我が家なのか」「何故この地区なのか」等も聞きたかったが、納得できる説明がもらえそうもなかったので、後は止めにした。それでも、行政区でのこの地区（※町内会情報――全二五二世帯）の十四世帯が対象だと分かった。それで、調査用紙を見せてもらうと、マークシートでの質問形式になっていた。〝次回に取りに来ます〟と言ったが、見ればすぐ記入できそうだったので、〝今、書いてもいいですよ〟と言うと、大喜びの反応。「一回分、儲かった」ということらしい。こんな感じの調査員だったが、それでも、〝もう一〇年以上も、この仕事をやっている〟とのことだった。調査をお願いしに行くと、怒鳴り散らす家や、非協力をあからさまに表明する家があったりと、調査の大変さをひとしきりこぼした後、帰り際に「記入のポイント」や「労働力調査のお願い」のチラシを置いていった。そのチラシには、次の文面があった。

「総務省統計局では、都道府県を通じて、毎月末現在で労働力調査を実施しております。労働力調査は、我が国における就業・不就業の実態とその変化をとらえるもので、その結果は雇用問題や失業問題の改善を図るための資料として役立てられております。この調査は、統計法に基づく、調査への報告義務のある「基幹統計調査」として行われるものであり、一定の統計上の抽出方法に基づき選定された、全国約四万世帯の方々を対象に実施しており、この度、お宅様に調査をお願いすることになりました。……御多忙のところ恐縮ですが、調査員がお伺いしますので、この趣旨をおくみとりの上、調査票にご記入下さるようお願いいたします。　以下略　」

この文面には、「何故今、国会で統計不正問題が取り上げられているのか」や、「統計でのサンプル標本の問題」、あるいは「統計の数値は、実態を適正に表しているのかの問題」等に、真摯に受け止め直す姿勢はまるで見えないのだった。

二〇一九・三・二〇

《生き方考》その一九七
「統計」に関して思い出すこと

今は昔。宮城教育大学で、中学校教員養成課程・数学科に在籍していた者は、「統計」は必須科目だった。というより、中学校・高校の「数学」の免許を取る者には、必修科目だった。でも、宮教大の数学科の教官は、誰一人担当しようとしなかった。皆、「余計な仕事はしたくない」の発想だった。それで、東北大の理学部の教官を非常勤講師として呼び出し、夏休みに一週間の集中講義をすることになった。夏の暑いさなか、冷房もない教室で一コマ九〇分の一日三コマ、それを五日間繰り返したのだった。そして最終日には試験があった。ま、二単位が取れたのだから、それなりに勉強したのだろうけれど、講義内容は、限りなく記憶にない。昨今、あらゆる基準に使っている「正規分布」は、ガウスが見出した「ガウス曲線」だと覚えているくらいだろうか。

数学科の外れ者だった私は、教師の自主勉強会から八島正秋さんを知り、遠山啓さんを知り、数学教育協議会の活動や「民間教育運動」を知ることになっていくのだが、これは、別の機会に。

ともあれ、小学校に転課程して卒論を書くことになったが、卒論に関わって日本の明治期以降の数学教育史を調べる中で改めて考えさせられたのは、太平洋戦争後のアメリカの占領政策であり、アメリカ教育使節団の果たした役割だった。戦前の「大日本帝国」を解体し新生日本にするには……と、国民主権・基本的人権の尊重・平和主義等々の新憲法を公布し、財閥解体や農地解放を強力に推し進めたが、それに呼応するように、アメリカ教育使節団は、軍国主義に通じると思われるものはことごとく排斥し、デューイの「実用主義」を取り入れた教育内容を次々と具体化していった。

その時、算数・数学の教科で推し進められたのは、「生活単元学習」と「統計・グラフ」だった。このことが、遠山啓さんに言わせれば、〝戦前の学力に比して、二年分後退した〟ということになっていくのだが、実学の代表として、「統計・グラフ」は、一時期戦後の算数・数学の大きな一翼を担ったのだった。しかしながら、標本の実在数の正確さが命の「統計」にとって、「量」と結びつくことなく実在だけを追ったため、現象把握の煩雑さや処理の膨大さに何時しか敬遠され始め、社会科や理科、国語科等に絡められていって、実在から離れるだけでなく、論理構成の不明確な科目・領域になっていった。今も細々と続いている「統計グラフコンクール」は、見栄えが審査基準になっている。

多分、戦後の一時期、王道扱いされた「統計」も、行政のお荷物になり、閑職に追いやられていったのだろう。新聞によると、省庁や地方自治体の統計局や統計課が、小泉内閣の時から一気に縮小・リストラの対象になったとか。

当然、関係職員も、「統計」の大事さを忘れ、適当にお茶を濁し、平日型保身の「忖度の世界」に入ったのだろう。

二〇一九・三・二〇

《生き方考》その一九八
「訓告処分」の意味すること

今日の河北新報に、小さく「浪岡中学校長　訓告処分に」という記事が載っていた。三年ほど前の夏に、いじめを訴えて自殺した当時中学二年生だった葛西りまさんに関わっての、青森市教育委員会からの処分を報じたものだった。

葛西りまさんの自殺に関して、当初は「いじめはなかった」と校長が公言して、教育委員会も「学校が調査中なので……」と傍観視していたが、一年生の時から校内でのいじめの他、ＬＩＮＥ上でも「うざい」などといじめられていたことが警察の調べで分かり、児童相談所に通告されるに及んで、教育委員会も重い腰を上げて、ようやく第三者委員会を立ち上げたりしたのだった。

河北新報の記事の内容は、次の通りである。

「青森県浪岡中二年の葛西りまさん＝当時（13）＝が２０１６年8月にいじめを訴えて自殺した問題で、市教委は19日までに、同中の斎藤実校長を訓告の処分にした。「自殺の主因はいじめ」と結論付けた市いじめ防止対策審議会の報告書を踏まえた。処分は18日付。遺族側は再発防止などの理由から斎藤校長を含む関係職員の懲戒処分を求めていたが、給与などに影響がなく懲戒処分には当たらないと訓告とした。市教委の佐々木淳理事は「自殺という結果の重大性に疑いの余地はない。他県の事例や青森県教委との協議を踏まえて判断した」と説明した。」

この処分が、妥当かどうか、私には分からない。しかし、「自殺という結果の重大性」の代償・代価が訓告処分とは笑うしかない。私も、教頭時代に、公金の不適切流用を行い、新任校長に昇任した途端、文書による「訓告処分」を受けたからである。私の事情を言うと、石巻市・湊第二小学校での教頭の時、文部省（※まだ文部科学省になっていなかった）指定で、二年間の「道徳教育」の研究公開に取り組んだことがあった。指定研究公開なので、二年目の一〇月に公開研究会を開催したが、研究紀要の作成や参加者・来賓への接待、研究活動等で一五〇万円ほどの経費が掛かった。その時、石巻市教委から一二〇万円ほどの補助を受けたが、指定をした文部省からは、一八万円×二年の補助金が来ただけだった。しかも、その年の補助金は、一一月に入ってからようやく届くという呑気さだった。当然、費用の必要な公開時には間に合わない。それで、指定校は何処でも立て替え払いをして、入金後に補てんしてきたのだった。湊二小もそれに倣って補てんしたのだが、それが「不適切流用」として裁断されたのだった。一円たりとも私用・着服したのではなかったが、浅野史郎知事の下、処分された。それと、同値の「訓告処分」とは。絶句して笑うしかない。

二〇一九・四・一

《生き方考》その一九九
「発達障害」のレッテルとは？

縁あって、「里親ホーム」で子どもたちの勉強を教えることになった。相手は、小学二年生と六年生の男の子、今春高校に入った女の子、高校三年生の男の子、看護学校二年生の女の子の五名である。三月二五日に、小学校の部と、高校生の部の二部に分け、それぞれと面談した。私たちが「勉強を教える」と言っても、相手から〝この人、嫌い！〟と思われたのでは、「勉強」活動は成立しない。それで、面談を名目にして「0回」を開き、〈信頼関係の間合い〉を探ってみたのだった。小学生の二人は、学校から「発達障害」のレッテルを張られていたが、私からの〝一緒に勉強していくのでいい？〟の問いかけに、それなりに〝うん、いいよ……〟と言ってくれた。でも、六年生になる男の子は、外れた隅っこから寄って来なかったし、職員のNさんが威圧的に言わせた感であった。高校生の部は、男子一人に女子二人、私と相棒の二人を入れても、五人である。それで、大学のゼミ形式を真似て、私が「世の中科」という科目を勝手に決めて、『13歳のハローワーク』（村上龍著　幻冬舎刊）をテキストに、みんなでワイワイ喋り合うことにした。「大学のゼミナール形式」というキャッチフレーズが効いたのか、三人とも賛成してくれた。でも、実際はどうなるものか、全くの暗中模索である。第一、私も相棒も、高校生と関わったことがない。しかも、それぞれに人生上の重い課題を抱え込んだ三人である。一体、何が私らと接点になり得るのか。慎重且つ丁寧に、納得や了解を見つけ出していかなければ、彼氏・彼女らを傷つけてしまう。学生時以来四〇年近く、今まで身に着けてきた私の「サークル感覚」が、心底試される気がしている。

ともあれ、三月二八日に、小学生の部二人と、私の「勉強会」が始まった。二年生になるH君に用事があったので、急遽予定の三時半を一時間伸ばして、四時半から始めることになった。六年生になるS君は、四時半に遊びから戻って来たが、H君が戻っていないので、家の中に入らず外でうろうろしている。私を警戒しているのだ。職員さんに呼ばれて家に入って来たものの、今度は隅にいて寄って来ない。それで、〝漫画が好き……〟と聞いていたので、手塚治虫の『火の鳥』と『ブラック・ジャック』、毛利甚八の『家栽の人』を出して、〝読んでみない？〟と誘ってみた。瞬間、一瞥しただけで〝読まない！〟と拒絶された。あまりの反応の速さに、強烈なカウンターパンチを食らった感じですごすごと引き下がった。

でも、これがS君流の「生きる術」なのだろう。モタモタしていたら、どやされたり、無視されたりの繰り返しがS君の人生にずっとあったのではなかろうか。これは、H君と算数の勉強を始めても、同様だった。「何が分かって、何が分からないのか」が全く読み取れない。私の想像をはるかに超える出来事の連続が、H君の生育歴に厳然とあるのだろう。それがH君の思考形成に深く関わっていると思えるのだった。H君の生活経験や生活体験を少しずつ理解していくことから始めなければならないと強く思うのだった。

《生き方考》その二〇〇

「世の中」科ゼミの出発

二〇一九・四・四

三人の予定が合わず、一回目のゼミを今日の日中、午後一時半から始めた。参加者は、高校に今春合格した新一年生のHさんと、高校三年生のS君、看護学校二年のMさん、それに私ら二人の計五人である。一応、前回の打ち合わせの時に、ゼミのやり方を説明し、テキストである『13歳のハローワーク』（村上龍著　幻冬舎刊）の今回分のコピーを渡していたので、気になった所や知りたいこと、よく分からなかった箇所等を一人ずつ順番に喋ってもらった。トップバッターのSくんは、まじめに原稿用紙に書いてきたようで、紙を見ながらも、〝書店と古本屋は、どっちも本を扱っているので同じだと思ったのですが、分けて書いてあった……〟と、ぼそぼそと話してくれた。それを聞いて安心したのか、次のMさんは〝書店員の所に書いてある「パート」と「正社員」はどう違うのですか？〟と、疑問・不明の箇所を出してきた。私らの説明や経験を話しながら、ここまでで一〇分位かかったが、最後のHさんの頃には、大分リラックスしたようで積極的に〝エディタースクールって何ですか？〟と質問してきた。

古本屋が公安委員会への届け出・承認が必要なことから、インターネットでのメルカリの話になり、〝あれをやっている人は、営業のための承認を受けているのかしら？〟〝インターネット販売って、安心なの？〟、〝ブックオフで、本売ったことある〟〝私も古着を売った。でも、とても安かったの……〟と話が弾んでいった。話が一段落するまで、三〇分近く経ったろうか。相棒から、次回のことが提案された。

提案とは、テキストの課題章の設定の仕方についてだった。一回目は初めてだったので、私の一存で「国語が好き・興味がある」の第一章「その①　随筆や物語を読む」の箇所と決めたが、相棒曰く、〝あれでは一方的になり、駄目だ。子どもたちの好きな箇所からやらないと、「やらされ」になってしまう〟というのである。私は、「子どもたちをゼミという形で未知の世界に引き込むのだから、こちらで提案してやらないと、一歩目が踏み出せないのではないか」と思っていたので、〝決めてやった方が、やり易いでしょう〟と言ったが、相棒殿は納得しない。いろいろやり取りしているうちに、〝あんたは、中学生・高校生の心理状態が全く分かっていない！〟と言われてしまった。此方も頭にきて、「それを言っちゃ、お仕舞いよ！」と思ったが、〝じゃ、一回目の時に、貴方から提案してください〟と矛を収めたのだった。

一回目の後半に、この件を相棒から提案されたが、子どもたちはほっとした様子で、〝好きな所からの方がいい〟と言ってきた。こうして、次回の二回目は、「音楽が好き・興味がある」の「その③　演奏する」になったのだった。

二〇一九・四・一二

《生き方考》その二〇一

「戦争という犯罪行為」反省の本気度

群馬・伊勢崎市に住んでいる中学二年生の孫娘が、「人権啓発標語」に応募したところ、入賞してカレンダーにその作品が載ったといって、カレンダーを送ってきた。カレンダーの一二月分に「認め合おう　私と人との意見の違い　そこから広がる　仲間の輪」の標語が載っていた。何となく優等生ぽい、大人の受けを意識した語呂を並べた感がするが、彼女なりの精一杯の表現として、祝福してやった。ただ、そのカレンダーを見ると、月毎に「人権イラストポスター」と

「人権啓発標語」が小学生と中学生の作品として飾られていたが、発行が伊勢崎市教育委員会・生涯学習課となっていた。最後の頁を見ると、「いせさき人権尊重都市宣言」の文言で埋められていた。そして、右下には、伊勢崎市教育委員会と銘打たれていた。これらのことから、全市を上げて「人権尊重都市」を標榜し、その先頭に教育委員会があるという構図のようである。そのこと自体に異議をさしはさむ気は全くないが、一瞬私の脳裏に「群馬県の法務局、そして伊勢崎市の人権擁護委員会は、一体何をしているのだろう?」との疑念が走った。というのも、「人権イラストポスター」は一時鳴り物入り様で法務局・人権擁護委員会が喧伝していたが、ここ数年は予算が縮小され、宮城県内でも他の協議会がやめ始める中で、我が石巻協議会だけが積極的に取り組み、〝地域独自の活動になってでも……〟と意欲的だったからである。どれだけ石巻の子どもたちに「人権」意識が入り込んできているのか不明だが、応募作品数は石巻支局と人権擁護委員の努力で確実に増加してきている。ここにきて、ようやく法務省・人権擁護局の位置づけが見えてきた気がした。つまり、敗戦後の日本を再構成・再編成をするのに、多分に占領軍・GHQの強引とも言える主導があったとしても、法務省内に「人権擁護局」が創立したのは、画期的だった。何かにつけ「滅私奉公」の思考が求められた戦前とは一八〇度真逆の、「個を尊重」「個を大事に」「個を認め合う」が第一義になったからであり、その先導役が「人権擁護局」だったからである。それが、戦後七〇年を経過する中で、法令上の人権施策は次々と打ち上げられてきたが、その内実は相変わらず肌寒い限りである。今もって、いじめ・虐待・差別・排除・無視……が横行しているし、陰湿化してきている。真に、日本人の本気度が試されている。

過日、「統計不正」問題が国会を賑わしたが、これも「人権擁護局」と同質化している。実際の姿を数値で表す統計は、日本再生の切り札であったはずだが、時の政権が都合のいいように使いまわし、改変していって、ついには、予算削減・要員削減の憂き目に遭い、実態を歪めた数値を平然と出すまでになってしまった。

人権擁護局と統計局の衰退は、「戦争という犯罪行為」の反省を、政権政治が蔑ろにする行為と思えてならないのである。

二〇一九・四・一三

《生き方考》その二〇二
「大海に漕ぎ出す小舟」の感

里親ホームでの勉強会が本格的に始まった。相互に事情や都合がない限り毎週木曜日に、小学生の部は夕方四時半から五時半まで、高校生の部は夜七時半から八時半までの時間帯である。小学二年生になったH君は、NPO団体が主催する「キッズルーム」への参加を別の曜日に変更したし、小学六年生のS君は、少年野球の練習を木曜日だけしないことにした。また、高校生の部の三人も、この日だけそれぞれのアルバイトを休みにしたり、部活を休んで勉強会に馳せ参じることにした。

こうして、勉強会の態勢が出来、四月一一日（木）が第一回になったのだが、やはりスタートからてこずってしまった。二年生のH君は、理事長奥様の車に乗せられて四時過ぎに帰って来たが、六年生のS君は帰って来ない。二人一緒に勉強をすることにしていたので、H君に待ってもらったが、四時五〇分を過ぎ、五時になっても帰ってこないのだった。それで見切り発車をしてH君と二人だけで勉強することにした。H君に迷路の問題を出すと、徐々に複雑になっていくにも関わらず、四問全部通過していった。ただ、雑に辿るので、仕切りの壁を無造作にはみ出てしまう。「ていねいに」という行動をとることが意識にないらしい。また、「はたけのうた」（荘司武）の詩を見せて読んでもらったら、たどたどではあるがひとまず読めた。それではと、〝私が先に読むから、同じく繰り返してね〟と言って私が読みだしたら、「同じように繰り返す」のが苦痛らしい。わざと変な声にして繰り返すのだった。これも、「素直に真似をする」ことが嫌なようである。私との信頼関係の問題かもしれないが……。次に、算数の問題で、式の前に絵で表させたら、子どもらしい楽しい絵を描いてきた。彼氏の個性を垣間見た気がした。尤も、H君は左利きなので、数字や名前の文字が、崩れてしまっている。〝右手では書けるの？〟と尋ねると、〝うん、できる！〟と言うのでやらせてみたら、右手に鉛筆を持ったが、左手の運びをするので、混乱して訳が分からなくなるのだった。〝じゃ、この次は右手の使い方を教えるね〟と言って、H君との勉強は終わった。S君が帰って来たのは、五時一五分過ぎ。部屋の戸を開けて、中を覗いているが入って来ない。道具を置きに行くふりをして隣の部屋に行ったきり戻って来ない。それで、五時二五分頃に、隣の部屋に行ってS君に、〝私は用事があるので、五時半には帰るけど、五分だけ勉強する？〟と尋ねると、しぶしぶ勉強部屋にやってきた。H君のやった迷路を、S君にもやらせたら、さすが六年生。すいすいと進んでいった。ところが、四問目は複雑で難しい。手がとまってしまった。そして、出口から逆に辿り出したのだった。〝駄目、それはインチキ……〟とわたしが言うと、不満顔ながら、入り口からやり直した。知らんぷりしてS君のやり方を見ていると、迷路の分岐点に来ると、立ち止まって目で先を辿っている。そして、先が見えたら、徐に進みだすのだった。逆から辿ることと言い、先を見通してから進むことと言い、用心深く慎重である。賢い子でなければ、取れない行動であると思えた。ところが、終わった最後にぼそっとつぶやいた。〝なんか命令されてるみたい〟と。S君は、私との間合いを、彼氏なりにずっと図っていたのだった。

小学の部を終えると一度家に戻り、晩飯を食べてから相棒と一緒に再度里親ホームに向かった。ところが、夜の七時半から高校生の部「世の中」科ゼミを始めたが、新一年生のHさんが〝明日の用意が未だ出来ていないし、風呂にも入らなければならないので、今日は休んでいいですか？〟と言ってきた。顔色に精彩が欠けていたので、相棒が〝無理しなくていいのよ。時間が取れたら途中からでも入って来てね〟と声をかけた。残念ながら、その後もHさんは入って来なかったが、代わりに職員のNさんが〝私も、聞いていていいかしら……〟と入って来た。そうして、みんなの感想を言い合う会が始まったのだった。

S君からは〝音楽は、「才能がないと、努力だけでも駄目だなあ」と思った〟の感想が出され、それに関連して「絶対音感」の話をすると、Mさんが〝私も、「絶対音感」が全然ない！〟と言ってきた。そして、高校時の邦楽の授業で、琴の演奏をしたことを語り出した。その後、木管楽器と金管楽器の違いや、指揮者のこと、野村萬斎さんの一〇代の悩みのこと、狂言舞台での着付けのこと等、脈絡はなかったが、それなりに楽しい話し合いになった。Nさんの突然の提案で、狂言の名告りでの「このあたりの　ものでござる　この中……」を私が、言わされたりした。

話し合いも終わって『モグモグタイム』になった時、Nさんは欠席者のHさんのことを聞いてもらいたかったらしい。〝実は……〟と話し出した。他のメンバーもいるし、壁越しにはHさんにも聞こえるのではないかと思ったが、皆さんの関係性が見える機会と捉えて、聞いてみることにした。Nさんが言うには、〝Hさんは、学校でお腹が空いて、グーグー鳴るので、明日はパンも持って行きたい。コンビニに行って買って来てくれないなら、明日は学校に行かない！〟と言うのだった。その他にも、ファイルやノートの準備もあったが、それらはMさんやS君に譲ってもらったとか。〝それで、Hさんは他の職員と一緒に、今コンビニに買いに行ったけど、これで良かったのでしょうか……〟と言うのだった。

それを聞いて、相棒は〝高校生の女の子にとって、お腹がグーグーなるのは、恥ずかしいんじゃない。だから、パンを用意しておこうと思ったのかな？〟と、助言した。そばでS君やMさんは、早弁や購買部で買えることを話し出した。私も、〝いい方法だね。でも全てが初めてのHさんには、大変なことだらけなのでは……。少しずつ教えてやるといいね。〟と話した。後でMさんの感想文を見ると、「あの頃の初々しい気持ちは、自分でも未だに覚えています。今の自分が当時に戻ったら、より良い学校生活を送れたのかなと思います」とあった。Mさんの心のシコリはまだまだ固そうである。

二〇一九・四・二三

《生き方考》その二〇三

沖縄言葉「クー」のルーツ

『あおぞら第2こども園』で、音楽劇『かえるのつなひき』に取り組んでいた時のことである。かえるたちに相談を受けたとしよりのものしりかえるが「あぜみちで、おまつりさわぎをすればよい。むしはおどろいて、みずにおちてしぬだろう。それには、つなひきがいちばんだ。」と言う場面がある。脚本には、このセリフ以外に何も書かれていない。それで、取り組んでいた保育士のAさんは、物足りなさを感じて、子どもたちに何かさせたいと思案していた。その時、そばで見ていた主任のKさんが、〝みんなで「クー」って言ったらどう?〟と提案してきた。言っている意味が分からなかったので、私が〝何、それ……〟と聞き返すと、Kさんは、〝沖縄では、同意した意味で「分かりました」と言う時、「クー」って言うでしょう。子どもの頃、親への返事によく言っていたし、今でも、大人も使うよね。〟と言うのだった。それを聞いて、担当のAさんも〝そう、そう。〟と相槌をうった。でも、言い方がいろいろあるらしい。「クー」とまっすぐ言うのではなく、「く・う」の「う」を「く」より下げるのだと言う。ちょうど返事の「うん」を、頭を下げてうなずくように、「うん」と言う要領である。再度、私が〝何で、「クー」と言うの?〟と問いかけたが、そこまでだった。彼女らは、〝どんな意味か分からない。でも、沖縄ではそう言うのよね……〟と言うのだった。それで、実際の音楽劇では、脚本に書かれていなくとも、「クー」の返事を入れることにした。

こうして、音楽劇『かえるのつなひき』は「クー」を入れた形で発表されたが、見ていた親からは、何の異論もでなかった。多分、沖縄の親たちからすれば、自然な言葉のやり取りだったのだろう。私一人に、「どんな意味なのだろう」と、疑問の染みが残っただけだった。

昨日の朝方、夢現の時に、「クー」は「食う」ではないかと思った。目の前においしそうな食べ物が出されて、「さあ、お食べ……」と言われたら、子どもなら思わず知らず「食う!」と言うのだろう。あるいは、目の前に食べ物を見せられて、二者択一を迫られたら、飢えた子なら二つ返事で「食う!」方を選ぶだろう。親(強者)の作戦だとも知らぬまま。もしかすると、知っていても、不本意ながら「食う……」選択をしたのかもしれない。そんな意味合いを持った「クー＝食う」だと思ったのだった。

考えてみれば、宮城・山形方面では「けー」（さあ、お食べなさい）や、「くー」（食べますか？　あるいは食べますよ）「こー」（一緒に来なさい）と使っている。たった一音で、意味することや意図することが通じるのだから、便利なことこの上ない。でも、他所者には通じない世界である。「クー」も、ルーツを辿れば、何らかの意味があったはずである。

二〇一九・五・一

《生き方考》その二〇四

「秩序」にこもるもの

「令和」の年号の創案者と言われる国文学者の中西進氏が、先日テレビのインタビューで、「令和」の年号にちなんで、〝令和の意味する平和は、「何でもありの平和」ではなく、「秩序ある平和」を意味するんですよ〟と語っていた。多分、軽挙妄動して調子に乗ったはしゃいだ姿ではなく、礼節を重んじた穏やかな平和をイメージして語ったのだろうが、私には、この人は「多様」や「共生」の真に望む姿を知っているのだろうかと思った次第である。というのも、過去の時代が求めてきた「礼節」は、底流に「序列」と「忍従」が脈々と流れていたからである。言い換えれば、儒教思想の中での話ということでもあろうか。もし、「序列」と「忍従」に甘んじる「秩序」だとすれば私には縁がない。

話は変わるが、ずっと昔の学生の時、群馬県・境小学校の『音楽会』を観に行ったことがある。一〇月の『体育祭』に続いての自主公開だったので、夜行で出かけて行った。〈事前に申し込みをし許可をもらう〉という世間の常識を一切知らぬままでの突撃参観だったが、斎藤喜博さんは何とか許可してくれた。しかも、『音楽会』終了後の有志の座談会にも参加させてくれたのだった。今にして思うと、多分に高橋金三郎さんや稲垣忠彦さんの人徳と、斎藤喜博さんの「未来の教師たち」に希望を寄せたからだったのだろう。

ともあれ、夕方、裸電球一つの教室で、三・四〇人の有志の方々と斎藤喜博さんを囲んで、『音楽会』の実質上の検討会が始まった。曲の解釈や、子どもたちの動きや歌声について、具体的に話し合われたのだが、私にはまるで記憶にない。唯一、斎藤喜博さんが〝研ぎ澄まされた感覚は、最高の秩序を創り出しますよ〟と言った言葉だけが、脳裏に強烈に在り続けたのだった。尤も、斎藤喜博さんが、本当にこう言ったのかも定かでない。脳裏に強烈に残ったのは「研ぎ澄まされた感覚」と「最高の秩序」だけだった。だから、文言は〝研ぎ澄まされた感覚は、最高の秩序ですよ〟だったかもしれない。この時の有志の方々は、「そう、そう。」や、「ふうん。そうかも……」と言った雰囲気だった。

この「秩序」の意味する姿は、極めて大切な状況感覚である。多様と調和の、最先端の姿にもなり得るし、固定・固着した旧習にもなり得るからである。

「人権」を志向した二一世紀の「秩序」は、如何様にあるべきなのか。最高の「秩序」をイメージした実践者側からの画期的な事実の創出と、相まって研究者側からの開明的な論理・言語が生み出されなければ、時代を切り開く「秩序」は見えてこない。私見的に言えば、身体の動きでの必然と偶然の有り様、あるいは身体の動きに潜む合理的で自然な動きを体感・体得していくことが、人類の発達・成長と結びついた「秩序」になり得るものと思えるのだが。

二〇一九・六・八

《生き方考》その二〇五
造語の「同機」のこと

内田樹氏の本を読んでいたら、「言葉が人の身体に触れるということについてもっとも深い省察をおこなったのはたぶん竹内敏晴さんだと思います。」（『待場の戦争論』ミシマ社刊）という文に出会い、新鮮な驚きを感じた。内田樹氏が竹内敏晴さんの著作にまで関心があったとは知らなかったからである。ともあれ、内田樹氏は、竹内敏晴さんをして〈人の言葉を「身体で聴く」

人だった〉と言うのだった。竹内敏晴さんは、子どもの頃から聴覚に障害を持ち、思春期の頃に通常の人の半分ほどに回復したが、それは、言葉によるコミュニケーションが十分に可能になったというわけではなかった。それで、身体の五感を総動員して「聴く」努力を重ねたという。結果、「相手に届く（働きかける）言葉」「相手に届かない（働きかけのない）言葉」を聴き分けられるようになったと言うのだった。竹内敏晴さんのことは、『ことばが劈かれるとき』（ちくま文庫）に代表される著作集を読めばいいが、ここでは内田樹氏の論旨に沿うことのみで文を進めたい。

で、内田樹氏は、「同期」「同調」のことに関わって竹内敏晴さんを引用したのだった。つまり、自分の身体が、相手と同期・同調した時、相手と一体となり、相手の意志や思い・願いが共有し合えると言うのである。内田樹氏によれば、「だから、合気道の極意は……」となるのだが、それも、ここではどうでもいい。要は、「同期」・「同調」での、「同期」に拘っての話である。「どうき」を辞書で調べると、「同期」は載っているが、「同機」は無い。これは、私の造語である。というのも、保育園・こども園の子どもたちと「音楽劇」で関わっていると、ある瞬間、子どもたちが一体となって、その場の空気感というか、気分・思い・願い等を同化して一つになる瞬間がある。でも、それは瞬間の出来事で、次のシチュエイションではもうそれなりの姿・形に戻ってしまうのである。まさに、八木重吉の詩『美しくあるく（子どもが歩るく）』での、「子どもが　せっせっ　せっせっと　あるく　すこしきたならしくあるく　そのくせ　ときどきちらっとうつくしくなる」の世界が現出するのである。しかし、それは子ども故に、長くは続かないのだった。でも、一瞬起き、二瞬起き、三瞬起き……して、子どもたちは「音楽劇」に内在するリズムやうねり、間を共有し合っていくのであろう。そんな体験・体感から、「同期」ではなく、「同機」なのである。

「同期」の「期」は、期日や期間の如く、それなりの時間の経過を意味している。だから、古来より使われてきた「同期」の言葉には、内実の時間が不可欠。でも、「機」は機会であり、瞬間である。造語の「同機」が実態に合う。

二〇一九・六・三〇

《生き方考》その二〇六
「学び」で信頼の構築を目指したいのだが……。

里親ホームでの勉強形態は、午後四時から「小学生の部」、夕食後の午後七時半から「高校生の部」として、毎週木曜日に一回ずつ行うことで、一応定着した。今までに八回ほど実施できたので、皆さんの了解と納得の形で定着したことになるのだろう。

尤も、六年生のS君は、三回目から〝僕、友達と遊んでいる方がいい!〟とドロップアウトして休業状態だし、高校一年のHさんは、始業式後一週間で不登校になり、最近は〝高校に行かない。辞める〟と公言してはばからない。私らとの「世の中ゼミ」にも二回しか出て来ない。テレビを見ている所に呼びに行っても、「行かない」理由を並べて、参加を拒んでいる。

S君がドロップアウトしたのには、私にも因がある。私と一緒に勉強したくない理由に、〝だって、簡単な問題しかやらないもの!〟と言ってきたので、二回目の時、文章題をひねって(※掛け算・割り算の意味や構造が分かっていれば二・三年生にも解ける問題だったのだが……)出した。案の定、私が出した文章題の四問が、一つも解けなかった。それで、直感的に「自分の弱みを見せたくない(掴まれたくない)」ため、〈友達と遊ぶ〉を口実にしてドロップアウトの手に出たのだった。S君は、幼児期から、親や大人の顔色を見ては瞬時に相手に受ける(喜ばれる)行動・態度を取ることで生きてきたのだろう。だから、それらの行動・態度が、ストレスとなって体内が過飽和状態になると、パニックを起こす形で解消してきたようだ。それを医者や学校は、「パニック障害を伴った自閉的傾向」と診断し、薬の使用や隔離の形で対処してきたのだった。

賢しいS君は、授業や学校生活における教師の〝こうするのよ!〟との話から、瞬時に要領を理解し、即応した対処法や好ましい振る舞いを身に付けてきた。でも、それは成長・発達に基づく本然的納得や理解では決してなく、生きる術としての義務・義理での了解であったため、たびたび「ストレスの増大→パニック行動」を引き起こしてきた。しかしながら、学校側や担任教師は、〝最近は、パニックを起こしても、自分でクールダウンしてますよ〟と言うが、S君の本質的理解をしているとは思えない。

S君は、最近、学級の子どもたちと遊ぶよりも、特別支援学級に出入りすることが多くなってきたという。特別支援学級には、二年生のH君がいるが、里親ホームでの関わりを見る限り、H君との関係も以前より改善したようには見えない。「学び」の関わりだけでは見えないことがあるのだろうが、今は、「学び」のみで関わるしかない。

二〇一九・七・七

《生き方考》その二〇七
里親ホームのH君に学ぶ

里親ホームのH君は、「発達障害」の診断名で、特別支援学級在籍の二年生である。私とは、一週間に一回（毎週木曜日の午後四時〜）、個別の勉強支援の形で、付き合っている。春休みの三月二八日から始め、もう一〇回ほどになった。里親さんから、〝体幹が弱いと言われたので、NPOの体操教室に通わせている〟と聞いた通り、姿勢がぐにゃぐにゃして、二分と同じ姿勢でいられなかった。それで、〝私との勉強は、正座をしてやります〟と、机と椅子を外して、小さなテーブルを使って正座をして勉強を始めたのだった。尤も、H君の正座は、両足先をハの字に

おれはかまきり

かまきり　ゆうじ

おう　なつだぜ
おれは　げんきだぜ
あまり　ちかよるな
おれの　こころも　かまも
どきどきするほど
ひかってるぜ
おう　あついぜ
おれは　がんばるぜ
もえる　ひをあびて
かまを　ふりかざす　すがた
わくわくするほど
きまってるぜ

開いて、お尻をその中に落としてしまう形（X脚の人や、膝関節の柔らかい人がなりやすい正座の形）だったので、狂言の修業の話を絡めて、足を重ねる正座の形を教えてやった。すると、姿勢が背筋を伸ばした形で落ち着き、勉強課題に夢中になっていると、三分、五分、一〇分と同じ姿勢が続くようになっていった。今では、二〇分位は、平気で正座をしたまま勉強している。

もっとも、二〇分の間、同じ課題をやり続けるのではなく、迷路の問題をやったら、次は五〇まで数えて、それから「ひらがな」を一字ずつていねいに書いて、その次は色塗りをして等々、手を変え品を変えて、ようやく二〇分集中してやれるようになってきたということだが。しかも、課題が変わる毎に姿勢を崩すので、たえず〝ちゃんと正座して！〟と声をかけながらのことでもある。でも、一回目には、私との関わりが三分も持たなかったことを思うと、大変な進歩・成長である。簡単な詩も取り上げてみた。すると、「はたけのうた」（荘司武詩）や「あたまはてんてんてん」（まどみちお詩）は、一字ずつの拾い読みだったり、変な声色にしてふざけて読んだりしていたが、工藤直子詩の「おれはかまきり」になったら、ところどころつかえるものの、楽しんで読みだしたのだった。しかも、子どもらしい素直な読みで、大人の私なんかより、はるかに上手い。思わず拍手をしたのだった。「げんき」を「げんち」、「きまってるぜ」を「ちまってるぜ」と読んで、急遽私に発音・発声練習をさせられたが、周囲に聞こえるほど大きな声で、何回も「きまってるぜ」と繰り返すのだった。少しずつH君との信頼が生まれてきたようである。

二〇一九・九・一六

《生き方考》その二〇八

『白鳥のむすめ』脚色化で考えたこと

絵本『白鳥のむすめ』（永山絹枝文・井口文秀絵　小峰書店刊）を音楽劇に脚色したいと言ってきたのは、文屋國昭さんだった。私も読んでみたが、結構面白い。たまには、文屋さんの「綺麗主義」に付き合おうかと思ったものだった。沖縄・那覇の退職校長・Yさんがまだ久米島の中学校長をしていた時で、七年ほど前のことである。

今回、『あおぞらこども園』の仲原りつ子園長を総括責任者にして、脚色の会が発足した。とは言っても、勢理客や愛音こわん保育園からの参加者は、〇名（※後日、勢理客保育園の二名が参加を申し出て来た）。それで、脚色の会の参加者はあおぞらの両園から八名と私ら二名の計一〇名である。しかも、提案された候補作は『白鳥のむすめ』以外は、『もう親方』の二作のみ。九割方『白鳥のむすめ』に決まりかけていた。ところが、この作品に、元附属小・Fの会仲間のHさんが、推薦を示しながらも内容の一部に異議を唱えてきたのだった。Hさんが言うには、「熱湯をかける場面は、虐待のトラウマを引き起こす可能性があるので、この場面をかえなければならない。」と言うのだった。私は、今という時代の中で「虐待問題」は極めて深刻であり、無頓着であってはならないと強く思っている。でも、だからこそ沖縄の子には、何としても超えてもらいたいと思っていた。それで、Hさんと私は、沖縄の居酒屋『ぱやお』で飲みながらの論争になった。しかしながら、三時間近く言い合ったが、結局合意には至らなかった。そうして、そばでじっと私らの言い合いを聞き続けていた文屋さんは、〝『白鳥のむすめ』の脚色化は止めよう！〟と言ったのだった。私も、「『白鳥のむすめ』でなければ駄目だ」とまでは強固に思っていなかったので、物別れという形で退散した。でも、夜中にふっと目が覚めた時、私なりの脚色化を具体的に考え始めていたのだった。

次が、熱湯をかけるところからフィナーレまでの内容・流れである。

「シイ（※むすめの名）がお父に熱湯をかけてくれと頼む　↓　お父が拒む　↓　シイが再度懇願する　↓　お父が泣きながらしぶしぶかける　↓　途端にシイは美しいシラサギに変

わり「ふくかぜの歌」を歌いながら旅立っていく ↓ 舞台袖まで来たシラサギは「ニライカナイ」の象徴として立ち続ける ↓ フィナーレ・「ふくかぜの歌」（四人唱）に続けて「フィナーレの歌」（※久米島の豊かな稔り、ふーくだきの美しい花々、日照りでも尽きない水、うかんじゅへの敬虔な祈り等が表された歌詞）を歌う ↓ 退場 」

熱湯を我が身にかけることは、一種の「禊」行為である。「ぬちどう宝（命こそ宝）」を日常化している沖縄では「禊」は馴染まないのかもしれない。でも作者が敢えて「禊」行為を入れたことは、この絵本（物語）の核心部分でもあるのだろう。この二律背反は、演出で超えるしかない。私は、演出の有り様次第で、沖縄の子どもたちにも可能と思ったのだった。

《生き方考》その二〇九

「大川小訴訟」の底流にあるもの

二〇一九・一〇・一八

大川小の裁判が、最高裁の上告棄却という判断で結審した。被告側の石巻市が、原告の親に一四億円強の支払いをすることで決着がついたということである。しかしながら、東日本大震災による津波で、大川小学校の子どもたちや職員の八四名の命が失われたことに対する亀山石巻市長や村井宮城県知事に代表される行政側の姿勢が、依然として何も変わっていないことに道程の遠さを感じさせせられる。

『続・生き方考』の「その一五五」でも書いたが、私見を述べれば、この訴訟の根底にあるものは、「教育の論理」が蔑ろにされ、体制維持という世俗の常識と「法の論理」に拘泥したことである。「教育の論理」とは、教育での様々な営みが行われるに従い、相互〈教師と生徒　教育者と被教育者〉の間に〈信頼が醸成・強化〉され、科学や文化の論理・情感が豊かに深化していくことである。つまり、科学や文化の獲得と相互信頼は、密接不可分の関係を為して進んでいく。とはいえ、教える側の教師の技量・力量・知見等の未熟さや不明さによって、相手の内実に思い至らず誤りを生じることがある。その誤りに気付いた時は、自分の未熟さ・非力さ・不明さ・至らなさ等々を素直に認め、相手に赦しを求め誠心誠意謝ることである。もし相手が一方的にそれを非難し詰るのであれば、そこには既に「教育の論理」は無い。

東日本大震災での津波による未曽有の学校事故に対する解決の出発点が、親と教師、そして親と教育行政が正対して、子どもの代弁者である親に率直に謝ったならば、つまり「教育の論理」での納得・了解・合意を創り出す道をとったならば、「一四億円強の支払い」という姿とは違った世界が現出していたことだろう。

上告棄却の判断が出た後、石巻市の亀山市長は「多くの児童の命を失ったことには私たちにも責任がある。〈遺族に〉心からお詫びしたい」〈河北新報・一〇・一一付け記事〉と述べ、また村井宮城県知事は「子どもたちを守れる防災体制を築き、（遺族に）寄り添っていきたい」（同記事）と述べていたが、亀山市長は、上告棄却によってようやく対応の誤りを認めたということなのか。ここには「教育の論理」が露ほどもない。村井知事に至っては、全くの他人事である。教員の人事権（採用・異動・昇任・懲戒等）を一手に県が握り、宮城県の教育体制を掌握・推進してきた責任を何も感じていないのである。ここには、「教育の論理」云々以前に、「教育の世界」を知る気もないし知ろうともしない姿勢が如実に表れている。だから、「支払いの義務は、石巻市にある」（村井知事の後日談）となるのだろう。しかも、「県が肩代わりして支払い、石巻市には分割返済してもらう」と押し付けの温情をちらつかせているのだった。

二〇一九・一一・一四

《生き方考》その二一〇

教育基本法における「人格の完成」のこと

戦後まもなく「日本国憲法」（一九四七・五・三）に先立って「教育基本法」（一九四七・三・三一）が成立した。この「教育基本法」は、日本国憲法を体現するものとして、戦後教育の根幹をなすものであった。それを、自民党政治は、五〇年かけて大変革を断行したのだった。表向きは、現状に即して〈体系化と充実〉を標榜したことになっているが、実質は積年の怨みである「日教組憎し！」を露骨に表したのである。だから、旧教育基本法にあった「第十条（教育行政）教育は、不当な支配に服することなく、国民全体に対し直接に責任を負って行われるべきものである」は、跡形もなく改正教育基本法（二〇〇六）から消え去ってしまった。でも、教育の目的である「人格の完成を目指し」は生き残った。というより、これは、〝どうでもいい文言〟として生き残ったのだろう。私も、学生時代に〈観念論哲学の象徴〉と勝手に烙印を押してしまったため、その後はこの文言を吟味することなく思考停止した状態で、教師の仕事を続けてきてしまった。

一九六〇年代に斎藤喜博さんと長妻克亘さんが雑誌『教育』誌上で授業論争（※当時の明星学園で、長妻さんが「互除法」の授業をした時、子どもたちから「サル！」と冷やかしの言葉が出たことで、斎藤さんは〝こんな言葉が出るなら、授業ではない〟と言ったことで、「授業とは何か」の論争になった）になったことがあったが、私には研究者と実践者の違い……位にしか捉えられなかった。

一昨日、青森・八戸で小学六年の女子児童が、下校途中に首を刃物で切り付けられるという事件が起こった。そして、翌日には犯人が逮捕されてスピード解決を見たが、その犯人は中学二年の男子生徒だった。今日の新聞を見ると、「人を殺したかった」「誰でもよかった」と話しているという。

私は、このニュースを見て、すぐに神戸で起きた酒鬼薔薇聖斗事件（一九九七）と名古屋で起きた仙台出身の女子大生タリウム事件（二〇一四）を思い出した。どれも、少年期・少女期に「人を殺してみたい」という衝動をつのらせた結果だった。つまり、教育基本法の改正が進められてきたのと表裏をなして、子どもたちの中に「いじめ」が常態化し、「人を殺してみたい」という衝動が芽生え始めてきたのである。これは、何を物語っているのか。

ここにきて、ようやく私の中で「教育の営み＝人格の完成」が具体的に明確になった。私らの活動と結びつけて言えば、「人格の完成を目指す」とは、〈人と関わることが楽しい。人と関わることが面白い。そして、人と関わることが嬉しい〉をどの子どもにも体感・体験・体得させていくことなのである。当然、様々な学習活動・教育活動は、そのためにある。

二〇一九・一一・一九

《生き方考》その二二

新兄弟のH君

里親ホームに一〇月末から、女川の中学三年生H君が入ってきた。これで里親ホームは、六人の子どもたちになった。尤も、半年『世の中ゼミ』をやったMさんは、看護学校の学生である。

学生は二〇歳まで里親ホームに居られるが、一八歳を過ぎているので、もう「こども」ではない。で、H君であるが、この里親ホームから女川の中学校まで結構な距離である。とても自転車で行ける距離ではない。それで、〝どうやって通っているの？〟と聞くと、近くの駅まで自転車で行って、石巻線に乗って女川まで行くとのこと。朝は六時半には里親ホームを出るし、夕方は七時近くにならないと帰って来ない。これだけでも大変だが、H君は、知的障害の療育手帳を持っているのだった。

何故、H君は知的障害の療育手帳を持っているのか。次の文は、里親ホームに入ってから学校でのことを書いた「生活作文」（※里親ホームでは、傾聴活動の一つとして「生活作文」を書いてもらっている。）である。

「文化祭では課題曲「道」、自由曲「虹」を歌いました。最初は虹の歌「ル」って歌う所ではタイミングをつかむことが中々出来ませんでした。しかし除々にタイミングをつかむことが出来本番はしっかり自信を持って歌うことが出来ました。本番では精いっぱい声を出して歌いましたが賞は取れませんでした。でも二年二組以上では、ありませんでしたが最高の合唱が出来ました。」（原文のまま）

また、自学自習のノートを見せてもらったら、二次方程式を因数分解して、ちゃんと二つの根を出しているのだった。

H君は、小学六年生の半ばまで桃生町に住み、六年生の後半から女川に移り住んだという。里親ホームの職員さんの話だと、女川に来てから母親のアルコール中毒により、三か月ほど児童相談所の施設に預けられたとか。その時、一時保護のため学校には行かせてもらえなかったようである。三か月後、女川に戻って来たら、女川の中学校の特別支援学級に入ることになっていたのだった。本人曰く、〝僕も、何でだか、全然分かりませんでした〟と言うのだった。

多分、在籍していた女川の小学校にも、女川の中学校にも、学校の都合のまま且つ波風が立たぬように適当に扱われたとしか思えない対応だった。H君の能力や学習権などどうでもよかったのだ。あるいは、児童相談所からの〝知的障害者として療育手帳が交付されると、様々の特典が得られ、家計が大いに助かりますよ。何しろ、母子家庭で生活が苦しいですからね……〟の助言があったのかもしれない。知的障害の認定に際しては、医療機関・教育機関・福祉機関の三者の合意が必要なはず。ともあれ、今H君は、年が明けた一月一六日に女川学園（知的障害者の高等部）を受験することになっている。

中村哲さんの死
《生き方考》その二一二

二〇一九・一二・一一

一二月四日の朝、沖縄・那覇のウィークリィマンション『スムカ』でテレビを点けていたら、「中村哲さんが、複数人数の集団に銃撃され、死亡した」のニュースが流れてきた。ほんの短いニュースだったので、〝中村哲さんて、聞いたことのある名前だなあ……〟と思っているうちに、別のニュースに変わってしまった。変わってから思い出したのが〝ペジャワール会の中村哲さんだ！〟だった。そう思ううちに、私の思考や行動は、真っ白になった。「呆然自失」とは、このことを言うのだろうか。一〇分ほどして我に返り、今日の活動の準備を始めたが、口がきけない。というより、思考や行動を促す言葉が浮かんでこないのだった。迎えのタクシーに乗っても同様。南城市のあおぞらこども園まで、一言も口を開かなかった気がしている。

中村哲さんと私の間には、何の繋がりもない。有ると言えば、一つ年上の同世代ということだけである。でも、中村哲さんの死亡の報は、緒方貞子さんの死報よりも数十倍も大きく、私の中に強烈に重く圧し掛かってきたのだった。

中村哲さんは、本業（医師）の医療技術を生かそうと、初めは「医療援助」として入ったそうである。しかし、アフガニスタンの現地の人々と接するうち、新鮮且つ清潔な水の必要性を感じ、各地に井戸を掘り始めたのだった。ところが、井戸を掘るうちに、砂漠化した荒れ地に水を引くことに思い至る。灌漑による用水こそが、現地の人々の生活の安定・安心を創り出すと確信したのだった。その後の彼の行動は、土木屋と見紛うほどにブルトーザーを運転し、火薬で岩を破砕し、石を組んではもっこで運ぶ日々の繰り返しになっていった。当然、本業の医療活動は続けていたのだろうが、彼の行動は、現地の人を巻き込んでの土木・治水の事業に特化していった。時には、米軍の無差別爆撃に巻き込まれたり、反政府勢力からの銃撃に遭ったりしたが、その都度現地の人々が中村哲さんを守ってくれたという。奉仕での医療行為のみならず、無償の灌漑・治水の活動を通して、現地の人々と中村哲さんの間に信頼・信用の絆が生まれていったに違いない。

中村哲さんを襲撃した犯人像は、まだ浮かび上がってこない。複数の襲撃犯が計画的に行ったらしいことは、状況証拠から類推されるのだが。反政府勢力のタリバンは、早々と「関与否定」の声明を出し、一部報道では「水利権」の格差から不満勢力を生み出した結果と報道しているのだが……。

ともあれ、武力を否定し、武力を持たない「フロントランナー・パイオニア」は、恨み・辛みを持った者や、うざい存在と思った勢力から、抹殺される可能性があるということであろう。悲しくも、最先端を走る者の宿命なのか。

《生き方考》その二一三

「話」にならない話

二〇一九・一二・二八

一一月二四日（日）から一二月八日（日）までの二週間、沖縄・那覇市の牧志にあるウィークリーマンション『スムカ』を定宿にして、四つのこども園・保育園に入って「表現活動」のボランティア活動を行っていた時のこと。たまたま見ていたNHKの番組で吉田都さんの「引退公演までのドキュメンタリー」を放映していた。九〇分ほどの番組だったが、〈俗が洗われる〉中身の濃い番組だった。

吉田都さんとは、英国ロイヤルバレエ団でプリマで踊っていた人である。年齢は四〇代半ば位だろうか。華奢な身体ながら、チャーミングで、バレエの妖精みたいな人だった。同じバレエの森下洋子さんを思えば、これからが円熟した活躍期なのだろうが、股関節部の骨の異常でバレエを続けることを断念したらしい。

で、その吉田都さんの最後の公演（引退公演）までの苦悩・苦闘・努力ぶりを追った番組だった。中でも、私を参らせたのは、〝思いが無ければ、ただのステップになってしまう〟という言葉だった。彼女は、子どもの頃からバレエに親しんできたが、外国のバレリーナと共演するようになった時、一番悩んだのは、体格・体位の格段の差だったという。外国の人は、手足が長く、存在だけで魅了してしまう。それに比して我が身は、手足が短く、ちっぽけでしかない。この時点で既に差が出来、ハンディを負ってしまう。だから私は……と、内面の「思い・情感」を探し、バレエの動きに取り込んできたというのだった。番組は、その「思い・情感」をステップでどう表すかに苦悩する姿を映し出していた。相方を務める五〇歳過ぎの男性ダンサーも素敵だった。相方の動きが定まらず、途中で止まってしまう都さんに対して、しかも相方が動きをリードしてくれないからだと詰る都さんに対して、〝私は、プロだ。遠慮せず動いて。私はそれを感じるから。感じて動かなかったら、「国に帰れ！」と言っていいよ……〟と、優しくそして呑気そうにして都さんの自立を促すのだった。画面を通してこの様子を見ながら、私は〝「音楽劇」は、「話」にならないとだめなんだよなぁ……〟と、思っていた。

私は、沖縄・保育園に「音楽劇」のボランティア活動で入って一〇年近くになるが、毎日々々、子どもたちや保育士さんたちと格闘していても、形や手順にばかり気がいってしまう。瞬間々々に子どもたちを「その気」にさせ続けないと、子どもたちはすぐ飽きて、逃げ去っていく。その感覚を、指揮する保育士さんたちに感得してもらいたいのだが、私の力量不足で伝えられない。音楽劇は、「話」があるから子どもは想像するし、「話」があるから子どもは「その気になる」はずなのだが……。

狂言師の万作先生は、「『靭猿』での子猿は、素直にやればいいんですよ」と言う。でも、素直になるには、対応や動き、抑揚、間等が身体に沁み通っていなければならない。それが自然に出来ているのが「素直」なのだろう。吉田都さんの「思い・情感」は、音楽劇への大きなヒントである。

《生き方考》その二一四

H君の「人権」は奈辺にあるのか？

二〇一九・一二・二八

H君は、女川の中学校の特別支援学級の三年生である。沖縄に出かける前の一一月。「里親ホーム」の指導員さんから女川学園高等部受験の相談を受けた。女川学園高等部は、特別支援学級の在籍者で、知的障害者の療育手帳を持っていないと受験出来ないらしい。全寮制で、三年後には企業等へ就労出来るようにするとのことであった。だから、受験倍率が高く、毎年三倍を超す応募者だとか。特別支援学校の高等部に入るのに、受験勉強をして、三倍を超える競争率を突破しなければならないとはにわかに信じられない話だったが、募集の説明会では、受験勉強のため「過去問」をもらえるとかで、〝問題を見てから、対策を考えましょう〟と返事をしたのだった。

沖縄から帰って来て、すぐに「里親ホーム」を訪問し、「過去問」なるものを見せてもらったが、国語は、高校入試の一般的な問題と同じく、討議の文や論説文が出ており、内容の読み取りや理解が無いと解けない問題だった。例えば齋藤孝の『読書力』という論文の一節が載っており、「本の連鎖」や「自己肯定感」、「世界観の形成」といった言葉が無造作に乱入しているのだった。漢字の読み書き程度ならH君も何とかこなしていたが、これにはお手上げである。というより、知的障害を持った子どもたちに受けさせる問題かと思った次第である。数学にしても然りであった。一応、試験内容は小学校で扱う程度であったが、二段三段構えで論理を丁寧に積み上げていかないと解けない問題である。これまた、知的障害者を対象にした問題かと思った。受験倍率が高いため、差をつけて誰かを落とさなければならないのは分かるが、完全に「受験体制」そのものである。

一昨日の『石巻かほく』に「女川高等学園一期生全員就職」の見出しで、女川学園の特集記事が掲載されていた。それを読んで、ようやく女川学園の生き残り戦略が見えてきた。IQ70〜80程度の境界線児を集め、「食品製造」「福祉」「サービス」の三部門で、障害者手帳を持った子どもたちを三年間かけて育て上げるというものである。時流は、『障害者雇用促進法』で進んでいる。障害者手帳を逆手に取って、堂々と「障害者の有能な企業戦士」を送り出すというものである。障害を持った子どもたちが高等部を卒業しても就職先がなかったという現実を考えれば、一つの貴重な方策である。でも、知的障害と思える子どもたちを「受験体制」の中に平然と送り込む中学校の教師や、また当然の如く受験能力を求める姿勢でいることに高等部の教師は、何の異も感じないのだろうか。子どもたちの未知の能力を無限に花開かせていくのが学校・公教育の使命ではないのか。案の上、H君はそれなりに学力があって、「知的障害者」の手帳が取り消されるらしい。でも、代わりに「精神障害」の手帳を交付するから大丈夫と言われたそうである。

二〇二〇・一・二四

《生き方考》その二一五
「研ぎ澄まされた感覚」のこと

今日の河北新報に、二〇二〇年の東京オリンピック関連記事として、『東京への思い強く』のタイトルで北島康介・野村萬斎の対談が掲載されていた。アテネ・北京と平泳ぎで二冠になった北島康介氏と、東京オリンピックの開・閉会式での演出で総合総括の長を務める野村萬斎さんが〈選手第一・アスリートファースト〉で語り合っていたが、その中で、「……狂言も少ないシンプルな動きの中で何を極めるか、という点では共通しているのかもしれません。胸の張り方、あごの引き方など、全てのバランスが取れて初めて隙なくちゃんと立っていられる。そのためには自分の感覚を研ぎ澄ませていないといけません。」と語っていたのが目に留まった。「感覚を研ぎ澄ませ」とは、五〇年以上も前に、群馬・境小学校での「事後検討会」での斎藤喜博さんの言葉だったからだ。その場で斎藤喜博さんが「研ぎ澄まされた感覚は、最高の秩序を創り出す」と言ったように記憶しているが、定かでない。「研ぎ澄まされた感覚」と「最高の秩序」は確かなのだが。ともあれ、境小学校での子どもたちが創り出した「表現」の数々が、高度な秩序と統一をも創り出していた。その事実を、斎藤喜博さんは前述のように言い表したのだった。もしかすると、「研ぎ澄まされた感覚」とか、「感覚を研ぎ澄まして」とは、その道の最先端にいる者にとって、当然の言葉・文言なのかもしれない。こんな言葉・文言が使える仕事・生き方をしたいものである。

話は変わるが、『蜷川幸雄と「蜷の綿」』（蜷川幸雄・藤田貴大著　河出書房新社刊）という対談本を読んで蜷川幸雄という演出家がようやく分かった気がした。この本に出合うまで、〈蜷川幸雄は、何故怒鳴りながら演出や演技指導をするのか？〉がずっと分からずにいた。その鍵が潜んでいないかと、紀伊國屋書店刊の『演出術』や『千のナイフ、千の目』を手に取ってみたが、どれも半分も読まずに投げ出してしまった。蜷川幸雄演出の演劇を、直に観なければ分からない言葉の羅列だったのである。

で、『蜷川幸雄と「蜷の綿」』には、「観念と身体の狭間で苦悩し続ける」彼氏の思いが随所に出ていた。「観念と身体の狭間」とは、耳に馴染んだ言葉で言えば「頭で考える思考・論理」と「身体が直接感じる皮膚感覚」との葛藤・苦闘のことであろうか。彼氏は、子どもの時から、そして青年・壮年時代でも、更には老人化した現実内でも、苦闘している表れが、「怒鳴る」行動だったのである。蜷川幸雄の成立史でもある『蜷の綿』という戯曲に随所で表出している「バカ野郎！」「この野郎！」等の言葉が端的に物語っていた。蜷川幸雄という演出家は、最後の最後まで「研ぎ澄まされた感覚」を演出という作業の中で追求し続けた。それが「バカ野郎！」「この野郎！」だったのだった。

《生き方考》その二一六

「中央集権」と「官僚制」で問われていること

二〇二〇・二・一五

今日のTBSテレビ『サンデー・モーニング』で、コメンテーターの青木理氏が〝今回の「新型ウィルス」への対応で、中央集権の弱さが現れましたね〟と、言っていた。中国が、共産党による一党独裁の政治体制を取り続けていることでの、批評の一言だった。

私には、中国の一党独裁による「習近平体制」を云々するほどの知見や識見が皆無に近いので、体制の是非云々はさておくが、異常状況の早期発見者だった一医師が、早々に警鐘を鳴らしたにも関わらず、「人心を惑わす」罪で警察に即逮捕・拘留されてしまった。ところが、医師自身が感染していたにもかかわらず、放置されたままの中で死亡した途端、ネットの批判をかわすためか犯罪人から一転して、英雄視する報道に変わっていったという。ここには、自己保身と忖度の姿が、当事者のみならず、中国国内の各層間に垣間見られる。

この自己保身と忖度については、日本でも蔓延している。官僚は、内閣の正当性を取り繕おうとして、「忘れた」「廃棄した」を連発し、呆れる論理を汲々として、時には平然と繰り返している。身近な石巻でも然りである。

それらの姿をダブらせて、青木理氏は、〝……弱さが現れましたね〟と言っていたようだが、その解決策に〝もっと、各部署に権限を委譲することですよ〟と語ったのには、リベラル派のジャーナリストとして知られる青木理氏にしては、腰砕けの感を否めない。体制・システムが現状と変わらないまま権限を委譲しても、同型の体制・システムが細分化されるだけにしかならないのは目に見えているからだ。要は、どんな手を打っても、自己保身と忖度の体質を否定し昇華していくことが起こらない限り、解決の道は見えてこない。

何かの事を起こすには、リーダー・組織者が不可欠であり、意を体して行動を起こす者がいなければ、事は成就しない。残念ながら、安倍晋三という内閣総理大臣（リーダー・組織者）は、一部の財界、一部の富裕層、一部の狂信的愛国者としか組織論理を共有していない。彼氏の政治哲学は、この中でしか論理構成をしていないのである。だから、その下に群がる大臣や内閣事務官・官僚は、いくら多弁に正当化し取り繕っても、「三つの一部」に必然的に収れんしていく。それを忖度し、体して行動するものが、重用されて要職についていく。安倍晋三内閣は、そんな体制・システムを八年かけて着々と作り上げてきたのだった。では、どうすれば良いのか。どうなれば良いのか。それは、明快素朴なことではあるが、第一線の現場で身体を張って働いている人の、改善のための知恵と皮膚感覚・対処術に学び、活用し論理化することである。現場を馬鹿にし、卑下していては、自己保身と忖度の誘惑に負けてしまう。

二〇二〇・三・五

《生き方考》その二一七

三四年前の「葬式ごっこ」事件からの報道

三月二日（月）の午後九時五〇分からNHKの総合テレビで『事件の涙　葬式ごっこいじめ・少年の遺言▽元記者の執念の再取材』というドキュメンタリーが放映された。今から三四年前、東京の富士見中学校で、鹿川祐司君が「葬式ごっこ」のターゲットになり、学校での居場所が完全になくなった結果、自殺に至った事件である。その事件を追った記者が、記事を書き続け、関連本まで出版したにも関わらず、ついに関係教師の本音を聞けずじまいになり、慚鬼の思いを残したまま、ペンを折ったのだった。そして、その元記者が特養ホームに入り、車椅子で余生を過ごしているところから番組は始まった。

この事件が起こった三四年前の昭和六一年（一九八六年）の時代状況（教育状況）は、次のようだった。中学校での教師をターゲットにした校内暴力が全国で吹き荒れ、民間教育運動を実践面から担ってきた教師が、次々と教壇を去って行った頃である。我が相棒が務める中学校の生徒指導にも、私が〝アッシー君〟をした頃であり、中学校でのターゲットが、教師から特定の子どもに向かい出した頃だった。私事に関したことで言えば、特担（特殊学級担任）になり四苦八苦していた時であり、八島正秋さんが体調を崩して入院した頃であり、梶山正人さんが千葉経済短大に転出した頃である。そういえば、教授学の会で林竹二さんが決別の講話をし、その後、「学校は、水俣の海と化した」と警鐘をならしたこともあった。他方、世の中はバブル期に向かい出し、「お立ち台」現象が世相を象徴したのだった。底流では、オーム真理教に流れる若者が出だした頃でもあった。

そんな中で起こった「葬式ごっこ」である。学級の子どもたちの大半だけでなく、担任を入れて四名の教師が色紙に鹿川君へのお別れの文言を並べたのである。学級の子どもたちの間では、既にいじめが横行し、暴行を受けることが日常化していた中での「葬式ごっこ」だった。その因を解明しようと、豊田某という記者が追跡調査をし記事を書き続けたが、教師からは〝軽い気持ちでやった〟、〝死ぬことはなかったのに……〟の言葉しか聞かれず、ついにペンを折ったのだった。

その元記者氏が特養ホームに入って余生を送っていたにもかかわらず、再度「葬式ごっこ」に向き合おうとしたのは、鹿川君の残した遺書に今なお向き合っている弁護士がいることを知ったからだった。そして元記者氏は、車椅子の姿で当時の教師と再度の対面を求め始める。三〇分のみの放映時間なので、視聴者に重い課題を投げかけたまま終わったが、元記者氏が斎藤喜博さんや林竹二さん、そして民間教育研究運動の実践を知っていたなら、ペンの流れは違っていただろう。

《生き方考》その二一八
「小さな世界」の同型像

二〇一〇・三・二三

NHKのテレビで『メルトダウン　原発事故は防げなかったのか――見過ごされた〝分岐点〟――電力会社の横並び体質』という特別番組（NHKスペシャル）があった。二〇一一年三月の東日本大震災以前に、東北電力や中部電力が独自に津波被害を想定し、対策を練り直していたという中身だった。特に東北電力は、平安時代（八六九年）に発生した貞観地震にまでさかのぼり、その時の津波の解析から、原発周辺防波堤のかさ上げ検討を始めていたというものだった。そして、その取り組みが国内電力８社に共有化されていかなかったのは、電力会社８社の「横並び体質」にあるというものだった。この「横並び体質」については現象的にはそうなのだろうが、何故「横並び体質」になったのかまで掘り下げてほしかった。私には、「東京電力＝東大閥」が、他の7社に対して「階層格差」（他の電力会社は、京大・東北大・名古屋大・大阪大・九州大・北大等との各グループ）を無前提に創り出していた気がするからである。

もう一五年ほど前になるが、女川一小の校長に赴任した時、『原子力研究会』なるところから表彰されることがあった。六年生の子どもたちが、夏休みの自由研究に「原子力発電のしくみ」をまとめたことが、表彰の対象になったのだった。子どもたちのまとめだから、大半が原子力PR館の資料によるものだったが、それはここではどうでもいい。

その表彰式に、校長が代表として、東北大・片平キャンパスの一室に呼ばれていった時のこと。当日は、講演会と懇親会もセットされていた。参加者は、一〇〇〜一五〇人位だったろうか。でも、大半が東北大学か東北電力関係の方々だった。休憩時間の名刺交換風景や談笑の姿がそれを物語っていた。

翌年。「地域の教育力向上」の指定研究で、町内8校が合同しての公開研究会が予定されていた時のことである。私はとりまとめ役だったので、参観者を五百人は集めたいと考えていた。でも、それだけ集めるには「目玉商品」が必要である。それで、思い至ったのが小柴昌俊さんか田中耕一さん、あるいは大江健三郎さんといったノーベル賞受賞者が来て、女川の小中学生に授業をしてもらい、それを参観者がモニター画面で参観するというものである。会場や子どもたちの人数は十分にクリア出来たが、問題は講師への交渉と資金である。私は、該当講師と一面識もなかったので、小柴昌俊さんとの繋ぎを東北電力に求めてみた。原子物理の世界で縁のある人がいるかもしれないと思ったからである。でも、全く駄目だった。「東北大・東北電力」は、「東大・東京電力」からは二・五流扱いで、歯牙にもかけられていなかったのだった。資金面も同様だった。〝子どもたちに、最高の贅沢をさせたい……〟と漁協の有力者に話したら、〝一人だけ傑出すればいい。そのためなら出すけど、ぜいたくは無駄だ！〟と一蹴されたのだった。

二〇二〇・四・一八

《生き方考》その二一九

「大滝秀治写文集」から

ボランティア活動の相方である文屋國昭さんから、『大滝秀治写文集　長生きは三百文の得』（大滝秀治著・谷古宇正彦写真　集英社刊）の中の一文が送られてきた。その中に「大滝秀治写文集」の文言があったので、〝「写文集」って、何を意味しているんだろう？〟と思い、急遽購入してみた。本を手にして、「写真」と「文」で構成された本だと了解出来た。当然、「写真」は大滝秀治さんの演技写真であり、「文」は芸談・演劇論である。尤も、亡くなる直前の文なので、文体も喋り口調で、直截・短文である。もしかすると、口述筆記かゴーストライターの手に依るのかもしれない。ま、そんなことはどうでもいいのだが。

文屋さんからの引用文は、「その気になる」についてだった。この「その気になる」は、私の取り組む「音楽劇」での演出・解釈の核心部分でもあるので、稿を改めて考えていきたい。

で、『大滝秀治写文集　長生きは三百文の得』を読んで気になったのは、滝沢修を「滝沢先生」と言い、宇野重吉を「宇野さん」と言っている事だった。滝沢修も宇野重吉も、同世代人であり、大滝秀治さんにとっては、一世代上の演劇界の大先輩であり師匠でもある。しかも築地小劇場から民芸への流れを作った信念の人でもある。ある意味では、戦後の演劇人にとって、神様的存在ともいえる両人である。その両人を、「先生」と「さん」で区分けしているのは、奈辺にあるのだろうか。気になった部分である。

翻って、私は無意識に使い分けていた。先日、建設中の石巻・多目的ホール（市民会館や文化センターは、先の震災時に津波でやられてしまった）の「柿落とし」に誰を呼ぶのかでA元教育長に電話したが、その時、〝市民会館の「柿落とし」に野村万蔵さんが呼ばれて来たことを万作先生に聞いたことがありましたが、もし万作先生を呼ぶのなら、私が話をつけるルートを知ってますよ……〟と、暗に仲介の労を取ることを進言したことがあった。その話は〝まだ、段取りがそこまで進んでいなくて。でも、田中さんのことは係に話しておきますよ〟で終わったが、私には石田幸雄さんを「石田先生」、そして野村万作さんを「万作先生」、野村萬斎さんを「萬斎さん」と言うのだった。

昔、サークル仲間の小松田克彦さんから〝宮城の方々は、梶山先生を「梶山さん」と言うのが羨ましい……〟と言われたことがあったが、改まった場でない限り、私らは梶山正人さんを「梶山さん」と呼んでいたのだった。芳賀直義さんも「芳賀さん」、八島正秋さんは「八島さん」、高橋金三郎さんに至っては「金ちゃん」で通していた。そういえば、遠山啓さんを、芳賀さんや八島さん、金三郎さんは、「遠山さん」で言い合っていた気がする。

「先生」と「さん」の違いは、単なる敬称の使い分けかも。でも、文化の創造活動に関わる時の立つ位置の違いのような気がするのである。

二〇二〇・四・一九

《生き方考》その二二〇
『日本社会のしくみ』を読み終えて

『日本社会のしくみ』（小熊英二著　講談社現代新書）を仙台の本屋で購入したのは、沖縄でのボランティア活動を終えて帰って来た後の、一〇月半ば頃だったろうか。副題として「雇用・教育・福祉の歴史社会学」と書かれてあり、私の標榜する「教育の論理」に指針となるものが書かれてあるかもしれないと思った次第。でも、駄目だった。私の能力をはるかに超える論理構成がなされており、読み終わるまでに三ヶ月以上もかかってしまった。私の理解力では三割程度しか理解出来ず、残りの六〜七割は〝そういうものですか……〟とか、〝そうなってるのですか……〟という感覚で読み流すしかなかった。やはり、〝社会が回り繰り返されていくのは、経済が土台であり、金・資本・財産等の所有と寡占化・独占化が社会生活の根幹なのか……〟と思わざるを得なかった。ただ、最後の章にきて「日本における学校の機能は、企業外の訓練機関ではなく、企業内訓練に応えられる潜在能力を持つ者を選抜することに特化した」(562頁)との記述に、ようやく、戦後に燎原の炎の如く沸き上がった民間教育運動と被さる部分を感じたのだった。

そんなわけで、「教育の論理」構築のための手掛かりは得られなかったが、考えてみれば、「教育の論理」などと言う志向と指向を持った提言は、今まで皆無に近いほどなかったのだから、当然と言えば当然なのかもしれない。私のわずかな知見では、遠山啓さん位しか思い当たらない。つまり、「競争原理」を越えるものとして、「知的好奇心」を対峙させ、そこに学校の役割を焦点化していったことである。それまでも、手探りの中で子どもたちが学ぶべきものとして、最先端の科学や芸術、そして優れた文化遺産や伝統芸術を掲げていたが、教育基本法から「国民に直接責任を負って」の文言が消え去る前に、学校という「公教育」の場で、具体的に内実を生み出すまでに至らなかった。

今現在、日本国内だけでなく、世界各地で「新型コロナウィルス」禍に恐れおののいている。

安倍晋三首相は「非常事態宣言」を発し、八割の行動自粛・接触回避を掲げているが、対策が悉く後手に回り、感染の拡大は広がるばかりである。医療関係者の献身的努力にもかかわらず、医療崩壊が始まりつつある。国民の生命が脅かされ、感染者で蔓延するのも時間の問題である。

九年前の東日本大震災の時、ラジオ体操とドッチボールで子どもたちと繋がろうとした小学校があった。また、進んで配食や介護に動き出した中学校があった。わずかの時間、わずかの力でも、子どもたちは生き生きと自律・自立し、協力し助け合い、自らの手で学校の内実をつくり出したのだった。でも、「教育の論理」は生まれなかった。あの時と数段に違う危機的状況の今、「教育の論理」が生まれなければ、日本の公教育は、完全に死滅していくだろう。

二〇二〇・五・一七

《生き方考》その二二

日本の公教育・義務教育の在り方

日本には、明治期以前にも、藩校や寺子屋の他、幕末期には松下村塾や適塾といった私塾が存在した。それらは、精神の修養を企図したものや、「読み・書き・算」といった実用だけでなく、西洋医術や学問・技術の実際的適用を目指したものと、多様・多彩であった。しかも、明治初期には、『五日市憲法』を創案した草莽の結社等が、「学び」の共有化を目指して雨後の筍のように乱立した。それが、明治政府の確立と同期して、国民の三大義務として公教育が整備・統一されていった。

西洋の教育制度は、ずっと「私教育」が前提になっていた。イギリスの「パブリック・スクール」は私立のエリート校だし、三重苦のヘレンケラーもサリバン先生という家庭教師に見い出された。西洋で「公教育」が謳われ出したのは、フランス革命での「人権宣言」や、イギリスでの産業革命での労働力不足に端を発しているようである。（私は、教育史の研究者ではないので、詳しくは知らないのだが……。）

ともあれ、日本での「公教育」は、明治五年に出された「邑に不学の徒無く……」の学制発布に始まる。ただし、この「公教育」は、村や郡・県が一部の費用を負担するものの、学齢期児童の就学義務でありながら経済状態や身体状態によっては就学が免除されるものであった。しかも、その教育内容は、国が一律制定管理するものであった。そして、日本の「公教育」は、多人数の子どもをまとめて指導する「一斉指導」が取られたのである。学級集団を決め、〈学級を一人の教師がまとめて教える〉体制は、為政者・権力者にとっては、極めて効率がいい。西洋流に個別指導を重視していたのでは、個性豊かな子が育つかもしれないが、手間と費用がかかって大変である。同じ内容をまとめて教える「一斉指導」は、富国強兵を目指す明治政府にとって、実に好都合のシステムだった。

しかし、日本の教師たちは、「一斉指導」の中に、子どもの個性を認め生かしていく方策を探り出し始める。民権運動や解放運動、労働運動を通して、人間としての権利・自由・平等・個性等を「教師の仕事」の中に見つけ出し、創り出し始めたのだった。戦前の「生活綴り方」や戦後の「民間教育運動」の数々は、日本の「公教育」の在り方を教育現場からの問い直しであったが、その現場からの問い直しの典型に、斎藤喜博校長を中心にした「島小」があった。一斉指導という形態と個の自立・成長を統合する実践を示したのだった。そこには、徹底した納得と了解、個性の認め合いが志向された。そうでなければ、事実に基づく合意、つまり論理形成や芸術感覚の豊かな深化は無いとしたからである。この在り様は、今、「新型コロナウィルス」禍で、真に試されている。「能力別学級編成」の比ではない。

二〇二〇・五・二七

《生き方考》その二二二

『民法のすすめ』を読む

「新型コロナウィルス」禍で、今の私は乱読状態である。今回の『民法のすすめ』（星野英一著岩波新書刊）は、私の思考回路とかみ合わず、読み終えるまで二週間もかかってしまった。しかも、教養不足から、星野英一氏（一九二六―二〇一二　東大法学部卒NHK放送大学講師　新書後付けより）のことは一切知らない。岩波新書への信頼感だけで手にしたのだった。でも、次の三点が「法の世界・法の論理」なのかと思わされた。

第一点は、民法での〔自由・平等〕とは、「財産」と「契約」を出発点にしていたということだった。つまり、フランスの人権宣言に発する〔自由・平等〕とは、私有財産の所有権が誰にも平等にあるということだった。そして、所有物の交易は、誰でも自由に「契約」する権利を持つということであったらしい。それが、時代の流れの中で、人格権や生存権、表現の自由、知的財産の保護、環境権、幸福追求権等へと拡大深化してきた。

幼児保育専門学校で「人権」の講義を引き受けた時、人権関係の項目を調べていったら、キリスト教の「神の下での平等」がキリスト教信徒のみが対象であったり、フランスの人権宣言が成人男子の人権のみを意味していたり、アメリカ合衆国の独立宣言が、白人のみを意味していたりと、「人権」の意味する範疇が時代によって極めて限定的に使われていたことを改めて実感したのだった。まさに、『田中正造　その生と戦いの「根本義」』（林竹二著　二月社刊）の冒頭に出てくる「近代は、前近代の発展として、出現した。」である。未来の謳歌享受は、今の闘いに萌芽しているということなのだろう。

第二点は、「HumanRights」の日本語訳「人権＝人としての権利」の「権利」は、初め「権理」と訳されていたことだった。「利」と表すと「利益」へと連想が進むが、「理」と表すと「道理」「真理」が意味されてくる。つまり、明治初期の洋学研究者は、明治政府の建国精神を、「権理」の用語に込めていたのかもしれない。でも、「富国強兵」と「殖産興業」の国策の中で、「権理」は「権利」になっていったようだ。

第三点は、極めて日本的な「義理・人情の世界」と西欧的な「個の自立と自由・平等」のせめぎ合いが民法の役どころになるということである。私の掲げる〈民生委員は、「福祉の心」が旺盛な人でないと、やれない仕事〉の「福祉の心」とは、〝困っている人を見ると、思わず手を貸したくなる気持ちや行動〟と言っているが、これを「義理・人情」に押し込めてしまうと、「正直者が馬鹿をみる」を再生産してしまう。著者は、解決策として「博愛・連帯」を標榜しているが、「強く賢い人間から弱く愚かな人間へ」が民法の神髄と捉える著者には、俄に同調し難くあるのだった。

二〇二〇・六・二三

《生き方考》その二二三

「新型コロナウィルス」下でのH君

「里親ホーム」でのH君は、「発達障害」の肩書で、特別支援学級の三年生である。通常の子どもならば、三位数の加減や掛け算を既に習っている時期である。でも、私との週一回の「勉強会」では、どういう分かり方をしているのか、大海に投網を打つようなもの。焦らず、少しずつ手ごたえを見つけていくしかない。

そんな中で、安倍晋三首相より全国の学校に、三月からの休校が要請された。義務教育段階の小中学校は、設置・管理者は地方自治体（※私立―学校法人　国立―文科省もあるが）なので、それを一気に飛び越しての越権行為と言えなくもないが、ここでは論じない。宮城県も、そして県内の各市町村自治体が、「右倣え」の如く、何の疑問も異議もなく、次々と休校処置を取っていったのだから……。

それでもH君との「勉強会」は三月四日、一二日、二六日、四月二日と続けていったが、三密防止、マスク着用、行動自粛となって「スティ・ホーム」が常態化するに及んで、休止せざるを得なくなった。当然、里親から学校への申し入れを予定していた〝通常学級で、みんなと一緒の交流授業を受けさせてほしい〟も、業者だけでなく保護者も学校への立ち入り禁止となり、中座したのだった。

年度が替わり連休も明けた五月八日。県内の学校が一斉に動き出したので、「里親ホーム」を訪問した。そこで、私は、里親から、学校に交流授業を申し入れると、名取・美田園の心療内科を受診するよう勧められたと聞かされた。心療内科では「発達障害」と言われたものの、経過観察が必要なので一月ほど薬を服用してみることになったとか。里親は、このことを含め再度学校にH君の様子を話しに行ったら、交流授業を取り入れてみることになったようだ。ただし、週時程に固定するのではなく、教科の内容で弾力的に対応してみるとか。実際は、週に何時間か交流が始まったが、特別支援の担任が同行出来る時間で、割り振っていたのだった。しかも、共同の作業は無理（※担任の意見）なので、自分だけの活動となるまとめの時が大半だった。学校の考えからすれば、善意の一歩なのだろうが、「交流」（他と学ぶ・他から学ぶ）の意味が全然分かっていない。でも、これが日本の学校の現状、そして「新型コロナウイルス」下での学校の現状なのだろう。

里親とは、H君の「勉強会」の再開に際して、次の条件を出した。①物置状になっている居間を、片づけて勉強部屋（自習室）にしてほしい　②勉強部屋の拭き掃除を、H君の仕事にしてほしい　③お互いにマスク無しで勉強したい　④今まで同様、お互いに正座で勉強したい　との四か条である。七月半ば過ぎには、始めたいと思っている。

《生き方考》その二二四

「注意の圏」の再吟味

二〇二〇・六・二六

今朝のＮＨＫテレビニュースで、都交響楽団の〈新しい試み〉が放映されていた。〈新しい試み〉とは、「新型コロナウィルス」下で、どうすれば楽団でのオーケストラ演奏が出来るかというものだった。従来の演奏形式では、指揮者と演奏者、そして演奏者同士が密着・密集し過ぎて、ウイルスの感染リスクが生じてしまう。そこで、お互いの隣接距離を「ソーシャル・ディスタンス（社会的距離）」にすると、どうなるのかというものである。始めは、お互いの距離を２ｍにしてみた。すると、お互いに違和感が生じて全く演奏にならなかった。それではと、次に1.5ｍにし、次に１ｍにしと、徐々に距離を縮めていったのだった。また、金管楽器のそばに飛沫の測定装置を設置し、飛沫の飛び具合も測定していた。飛沫の飛び具合については、相互距離にほとんど関係なく、ほぼ一定していたようだが、相互距離に関しては、結論が出されなかった。ただ、奏者の感想として、相互の距離が離れると、〝お互いの息遣いや身体の動きが感じられず、孤立感が生じた〟と語られたことが、印象に残った。

で、この感想を吟味してみると、「注意の圏」の課題が内包されていることに気づかされる。「注意の圏」とは、スタニスラフスキイ・システムでの重要課題・提言であるが、「演者相互には、お互いに感じ合い・交流できる距離がある」というものである。これは、演劇の世界だけでなく、小規模な演奏や、オーケストラのような楽団演奏にもいえることであり、そこでは「アンサンブル感覚」として知られている。「アンサンブル感覚」は、演奏の主・従関係というよりも、支え合いが不可欠になる。支え合うためには、お互いの呼吸や身体リズムを感じ合わなければならない。それを演劇の世界では「注意の圏」と言っている。スタイル・形式が固定化されたオーケストラでは、それがどれだけ意識されているのか。都交響楽団の演奏放映からは不明だったが……。

そしてまた、この「注意の圏」は、教育の世界でも重要視されなければならないことである。群馬・島小学校では、授業時に座席をコの字型にしたり、教師が椅子に座ったり、床に子どもたちと一緒に寝転んでみたりと、様々の先駆的試みがなされていた。どれもこれも、子どもたちを一体化し、相互交流を起こし、授業内容を拡大・深化・再創造させながら、子どもたちを「異質の世界」に誘うことに腐心していたからだった。

現在、「新型コロナウィルス」下で、新しい生活スタイルへの様々な模索が始まっている。学校でも、子どもたちは、マスク着用、手洗い励行、そしてお互いの距離を取って生活・行動している。でも、学校内では、規律的に暮らしていても、下校時の路上の姿は、開放感で従前のままである。「注意の圏」を止揚する新しい試みはまだ生まれていない。

《生き方考》その二二五

「離見の見」の〝自分〟とは

二〇二〇・七・一六

「離見の見」とは、世阿弥の『花鏡』に出てくる言葉である。〈役を演じる時、演じる自分を冷厳に見ているもう一人の自分がいる〉ということであろうか。これは、「役者の世界」に限ったことではない。「教師の世界」でも、自分の過去を振り返った時、四〇代に入った頃から、自分の一挙手一投足をチェックし続けている自分を意識するようになった。常に最適解・最適行動を求めてチェックしているのである。

今回、樹木希林さんと是枝裕和監督の対話本『希林さんといっしょに』（スイッチ・パブリッシング刊）を読んでいて、「離見の見」に関してのことと思える樹木希林さんの言葉があったので、少し長いが列記してみる。

「これは余談だけど、この間NHKの『人体　神秘の巨大ネットワーク』という山中伸弥教授の番組に出たんです。私ががんを経験していて、いまもがんを患っているから、呼ばれたんだけど、その番組で、「心臓だけは身体の中でがんができない」という話があった。心臓は壊死していくもので、細胞が復活しない。だから心臓がおかしくなっちゃったら死んでしまうと。ところがいま、アメリカのどこかの先生の研究が進んで、細胞を復活させて心臓を生かすという治療がすごく進んでいるらしいの。それで私が、「じゃあ、今度は心臓ががんになっちゃうじゃないの」と言ったら、山中先生が「それはあなた、研究者の目です」って（笑）。研究者というのはそうやってかんがえるんだというわけです。

言われてみれば常にこちら側から見たらどうか、あちら側からはどうなのかを考える、俯瞰でものを見る癖があるなと。こちら側に笑う人がいたら、あちら側には泣く人がとか、そうやってものを見る習性、性癖があるみたいね。私は意地の悪いところがいっぱいあるんだけど、その意地の悪さというのもどうもそこからきてるなあと思うんでね。」

自分を見ている冷厳な〝自分〟とは、〈更に一歩進んだ、多方面からの専門性を持つ〉ということでもあるとは、面白い。でも、考えてみればそういうことなのだろう。今ある自分と同じレベルの〝自分〟であるならば、単にケチをつけるだけのこと。一段上の高次元にいるからこそ、見えてくる。やはり、不断の学びが結果すると言える。

蛇足だが、一緒に芝居をしたかった人に、高倉健を上げていた。「高倉健さんは、……、黙って何もしないように見えて、ちゃんと感じてやっている。優れた俳優だとよくわかった。それまではただのいい男で、サーッと刀を抜いたりなんかして、スターなんだとおもっていたの〈笑〉。本当にもったいなかった。」は、樹木希林さんの評である。

《生き方考》その二二六
〝ドラマになる〟のこと

二〇二〇・七・二〇

「ドラマ」とは、演劇事典や国語辞典を見ると〈演劇・戯曲〉〈新明解国語辞典〉とあり、「劇」は〈それぞれの役に扮した人たちが、筋書きに従って物語を舞台で演じ、観客に何かを訴えようとする芸術〉〈新明解国語辞典〉とか、〈演劇・芝居〉〈角川国語辞典〉とか書かれている。つまり、「ドラマ」とは「劇」のことであり、「劇」は脚本・筋書きに従って演じられていくものであろう。

今回、『狂言　三人三様〈野村万作・野村萬斎・茂山千作〉』（岩波書店刊）を読み、並行して『希林さんと一緒に。』（是枝裕和著　スイッチ・パブリッシング刊）を読んで、〝ドラマになる〟とはどういうことかを改めて考えてみた。

今までは、〝ドラマになる・ならない〟とは、〈はらはら・どきどきしてくること〉とか、〈ワクワク・ウキウキしてくること〉、あるいは〈次に何が起こるんだろうと期待に膨らんでくる〉等と簡略単純化していた。でも、この簡略単純化は、無意識に思考停止状態にもなっていた気がする。つまり、映像化された「テレビドラマの世界」と、舞台で演じられる「演劇の世界」と、伝統という形で「様式化された世界」では、ドラマツィギー〈作劇術・演出のあり様〉が際立って違っているようである。当然、役者・俳優の演技のあり様や身のこなし（身体所作）にも、画然とした違いが生じる。このことを演出家の蜷川幸雄氏は、「萬斎さんと同様のものを、寺島しのぶや松たか子に感じることがある。彼女たちは自分たちが決して歌舞伎役者になれないのに、親から何から何まで全部習っているわけで……」と述べ、新劇俳優には演じきれないものを彼氏・彼女にはあるというのだった。また、万作先生は、『子午線の祀り』で宇野重吉氏から、徹底して構成・解釈・対応・表現等を学んだという。居酒屋かどこかで雑談をしていた時、狂言ならば「さてもさても　うまいことじゃ」という所を、宇野重吉氏は一言、「うんめぇ」で表したことにただただ感動し、恐れ入ったことを記している。また、日常での会話を表すのに、是枝裕和氏は「樹木希林さんは、必ず何かをしながら話していた」と述べている。是枝裕和氏は、「何で、そんなことをしながら喋るんだろう？」と樹木希林さんの演技を見ていたが、「後で思い返すと、日常を表す最適の姿だったと思わされた」と言うのだった。

私たちの関わる子どもたちは、表現力が未発達である。と言うより、初体験づくめの「発展途上人」である。万作先生は、三歳での初舞台を「無心に」と言う。しかしながら、この「無心」には、様々の第一歩があってのこと。

私たちが求める「ドラマ」には、リズムに同機・同調しながらも、身のこなしや身体所作が自然・合理であり、「人間讃歌」や「琴線に触れる」に繋がる感受性を生み出していくことが求められる。やはり「生き方考」である。

《生き方考》その二二七

『相模原事件・裁判傍聴記 「役に立ちたい」と「障害者ヘイト」のあいだ』を読む

二〇二〇・八・一一

「相模原事件」とは、二〇一六年七月二七日の深夜、植松某（当時二六歳）が、神奈川県相模原にあった障害者施設『津久井やまゆり園』に侵入し、四三人の入所者を刺し、一九人を死亡させた事件である。植松某の主張は、〈重度・重複障害者は生きている価値がない〉と〈税金の無駄遣い〉とか。『相模原事件・裁判傍聴記 「役に立ちたい」と「障害者ヘイト」のあいだ』（雨宮処凛著 大田出版刊）は、この事件の裁判を傍聴した雨宮処凛さんの記録である。雨宮処凛さんは、一〇代後半に学校をドロップアウトしてヤクザの世界に飛び込んだ後、二〇代からはホームレスの支援や「年越し村」運動に関わってきたようである。その彼女も、もう四五歳になっていたのだった。だから、一世代以上も違う植松某の心情・感覚・行動癖等を知りたかったのかもしれない。

ともあれ、この本を読みながら、私の脳裏では「酒鬼薔薇聖人事件」（一九九七年六月、小学五年の土師惇君が中学二年の少年Aに殺害され、その首は学校の校門に晒された。其の後少年Aは、警察に酒鬼薔薇聖人名の挑戦状を送り付けた。）と「学校の仕事（教育の役割）」とが、交錯しながら浮沈を繰り返すのだった。私は、新聞記者でも、文筆家でもない。また、裁判官や心理カウンセラーでもない。そしてまた、政治家でも社会運動家でもない。唯一、心に秘していることは、『梶山組』を自称して、ボランティア活動として「表現活動〈音楽劇〉」に取り組む日々である。

で、「学校の仕事（教育の役割）」とは、私と子どもたちの関わりが、〝子どもたちと何をすることか〟であり、〝子どもたちにどうなってもらいたいのか〟が具体的に明確になっていくことでもある。少年Aや植松某の出現理由や存在理由を、成育歴や社会環境、友人関係、性癖・病癖、嗜好・体質等から詳細に調査分析しても、後付けの論理構成は出来たとしても、同型像の昇華にはならない。いつの世でも、同じ人間として、誰にも同じ要因・因子が内在しているからである。

古来より、ここに「教育」の有効性と必要性を位置づけてきたが、それは同時に、社会秩序や価値観の固定化を推し進める働きも担ってきたのだった。

今、「新型コロナウィルス」が猛威を振るい、恐怖と疑心暗鬼の世界に落とし込んでいる。そうして、無意識のうちに少年Aや植松某と同様の思考がそちこちから浮き出ている。自分の思考行動が正義・善であり、安心・安住のために、不正義・不良分子を排除し、追い出し、近寄らせてはならないと思うのであろう。先日も、お盆で東京から青森に帰省してきた男性に、「何故、知事の言うことを聞かずに、帰って来たのですか。すぐ帰って下さい……」の紙が玄関に張られていたという。差別といじめが無意識裡に出たのだろう。私の脳裏では、過去や今の姿が渦巻くのだった。

《生き方考》その二三八

「新型コロナウィルス」禍のH君

二〇二〇・九・五

里親ホームでのH君との勉強は、四月初めより中断している。中断の理由は、二月末に「新型ウィルス」による学校休校の要請が安倍晋三首相より出され、それに伴って全国各地の教育委員会が軒並み休校処置に踏み切り、宮城県の教育委員会も「右倣え」をして即休校措置に踏み切っていった。その影響は各学校の姿勢に具体的に現れて、学校の対応に抗してでも勉強を続けられなくなったからである。

学校では、常時マスクをし、ソーシャルディスタンス（社会的距離―2ｍ）を取り、三密（密集・密着・密接）を避けて、折あるごとに消毒・手洗いを励行することが、子どもたちの日常スタイルに求められていった。それに対し〈マスク無しで、正座をし、正対して勉強を進める〉ことは、万が一にもウイルスの感染が起こった場合、世間からのすさまじいバッシングが起こることは容易に予想された。それで、学校が再開され、子どもたちの日常が取り戻されるまで、中断することにしたのだった。

五月の連休後、学校は徐々に再開されだしたが、常時マスク着用や、不要なおしゃべり禁止、三密回避の行動は、「新しい生活の在り方」の美句の下、学校生活の日常になっていった。でも、子どもたちは学校を出ると、集団様になっておしゃべりしながら帰るし、マスクを外して、おしゃべりに興ずる子どもたちの姿が散見されるのであった。

お盆を挟んだ程度での短い夏休みが終わり、再度子どもたちの登校の姿が見られるようになったが、どうも、学校生活には、新しい変化が起こっていないようである。例年持たれる学校と民生委員の懇談会も開かれないし、運動会の案内状もこない。どうも、学校はひたすら「ひっそり君」で過ごしているようである。

そんな様相だったので、久しぶりに里親ホームに行って、H君の様子を伺ってみた。すると、ホーム内の子ども同士でトラブルがあったらしく、H君は七月の一か月間、児童相談所の施設預かりになっていたのだった。ところが、八月初めに帰って来た時、生活リズムがすっかり狂い、生活行動の一つひとつに自律・自立が見られず、担任からも〝すっかり、初めに戻ったわね……〟と言われる始末だったという。里親の話では、施設では、H君は時間で動くことが求められ、施設外に出て歩くことは勿論、テレビも禁止、勉強は放任状態、衣服も夜に洗濯乾燥されて、毎日同じ服で過ごしていたという。食事も、時間が決まっていて、残ったり残したりしても有無を言わさず下げられるのだった。こうした中でH君は、無気力・無能力状態になっていった。里親ホームに戻ったH君は、食欲が無く、暇なしソファーやベットでゴロゴロするのだった。朝も五度・六度と声を掛けてようやく動き出す。衣服も一つひとつ指示しないと身に着けられない。着替えたものも放り投げたまま……。「施設預かり」は、H君の成長・発達を崩したようである。

《生き方考》その二二九
行政改革「無駄なハンコは廃止」のこと

二〇二〇・一〇・五

菅内閣になり、河野太郎行政改革大臣が、早々に〝無駄なハンコは、廃止する〟とぶち上げた。「紙媒体での承認・決済に、印鑑での押印が様々なロスや支障をきたしている」ことに手をいれるとの決意表明だった。それに対して、早速印鑑業界から〝「ハンコ文化」の灯を絶やすな!〟の声が上がったようである。これには、〝印鑑業界の支援を考えていきます〟の形で慌てて火消しを図っているが、いずれそれなりに落ち着いていくものと思われる。

先週火曜日の東日本テレビ『羽鳥モーーニングショー』ではこの件を取り上げ、元大蔵官僚で現在は慶応大学大学院の教授・岸某氏を呼んで、行政内での決済印のたらいまわし状況を批判していた。「無駄な作業」と言わんばかりの話で、話の一つひとつに全く異議を唱えるものではなかったが、彼氏の官僚時代の「決済」感覚が、その程度だったのかと知っただけだった。

私が人権擁護委員として「SOSミニレター」の返事を初めて書いた時、下書きの修正・添削を受けて返信OKの返事が来るまで、四日かかっていた。法務局の担当者・主任・補佐・支局長と四人の決済が必要だったが、四つの決済印がそろうまでに四日かかっていたのだった。ところが、先月、駐在担当で支局に居たら、〝コロナ禍なので、駐在員に返事を書いてもらうことになった〟と担当外の私に「ＳＯＳミニレター」の返事が回ってきた。でも、今回は二時間ほどで戻って来た。担当者の何度もの入れ替えの中で、対応の仕方がスピーディになっていたのだった。

地方の支局段階でさえそんな現状だから、一五～二〇個もの決済印の文書処理が日常化している中央官庁では、意思決定されたことが行動化され国民に通じるまで二～三か月もかかるのは当然だった。だから、無駄を省いてのスピード化は必定だった。というより、それを当然として「親方日の丸」の台座に胡坐をかき続けてきたキャリア官僚・政権政党・政治家の「不作為の作為」が断罪されて然るべきである。

ただ、「無駄なハンコの廃止」に内在する「決済印に対する責任」が全く問題視されていないのは、困ったことである。「郵便不正事件」で浮かび上がった、村木厚子さんの決済印が勝手に部下職員に使われていたことの反省が全く無かったことである。私は、校長時代、決済印を押すことは、〈その責任は、自分にある〉と思って校長の仕事をしてきた。校印や職印だけでなく私印を押印する時は、全て自分で押印し決済した。〝何かあった時は、自分が責任を取る〟と覚悟していたし、それが「ハンコ」の意味することでもあると思って仕事をしてきた。奇しくも、サンデーモーニングで「印形は首とつり替え」の故事を放映していた。効率化の陰で、「公務員総無責任時代」になるのかもしれない。

《生き方考》その二三〇

直木賞受賞作『少年と犬』（馳星周著　文藝春秋刊）を読む

二〇二〇・一〇・九

馳星周という作家のことは、何も知らない。新聞か何かの書評で、新宿・歌舞伎町に住んでいたか働いていたと書かれていたのを記憶するだけである。当然、やくざものか、女が絡んだ裏社会の生業を多数書いていたようである。そんな作者が「少年」や「犬」というほとんど「飲む・打つ・買う」とは縁のない世界を描いたとあって、どんな小説なのか興味を持って読んでみた次第である。

三日ほどかかって読み終えたが、純粋に感動・感激する本だった。話の登場人物は、鬼平犯科帳での「急ぎ働き」のような男であったり、女の稼ぎにべったりで暮らす中年夫婦であったり、あるいは娼婦同然の独り身女であったり、更には老齢化した元マタギであったりと、話の展開に従って次々と役回りが変わっていくが、それと関わってシェパード雑種の一匹の犬が出てくるのだった。話の始まりが、東日本大震災での釜石で、最後の「少年」との出会いが、熊本大地震で壊滅的にやられた益城町の近くと、舞台設定も未曽有の大自然の猛威を巧みに織り込んであった。それが、登場人物が次々と死地に追い込まれ、死に至る悲惨な話が繰り返されるのだが、犬との関わりがあったことで、それぞれに「安心立命」していくのだった。

この小説を読み終えた時、私の脳裏には、嘗て観た劇団民芸の『るつぼ』が蘇ってきた。『るつぼ』は、劇場用のタイトルで、原作はアーサー・ミラーの『セイラムの魔女』である。一七世紀のカナダで起こった魔女狩り・魔女裁判が題材である。村の人々が次々と魔女の疑いを掛けられ、死刑に引き込まれていき、最後には主人公も魔女として断頭台に送られるのだが、それでもなお明るい未来への希望を失わないという九割九分悲惨な筋の劇である。でも、残り一分の明るさが劇全体に明るい展望をもたらすというものだった。

次に思ったのは、音楽劇『あほろくの川太鼓』での、ろくの死だった。これも原作は、阿呆と言われた孤児のろくが川の洪水を知らせる太鼓を打ち続けたが故に、水に飲みこまれて死んでしまう話である。これを八幡保育園で取り組んだ時、私はろくを象徴として舞台に出し続ける演出にした。ろくは死んでも、村人の心の中には生き続けさせたかったからである。

そして更に思ったのは、音楽劇『てぶくろを買いに』のフィナーレで、「森は　大きく手を広げ　きつねの親子を迎えてる」の歌詞である。原作は、「人間なんて、いいものかしら?」と母狐の疑問形で終わるのだが、サークル仲間のOさんは、人間讃歌にしたのだった。『少年と犬』の「犬」は、まさに人間讃歌、というより生きとし生けるものの象徴である。

《生き方考》その二三二

松沢特別教授の懲戒解雇

二〇二〇・一一・二七

松沢特別教授とは、京都大学霊長類研究所での「アイ・プロジェクト」の中心人物であり、驚愕させる研究や論文を次々と発表した松沢哲郎氏のことである。彼を中心としたチンパンジー研究は、世界の第一線をいく。松沢哲郎氏は定年退職後、特別教授として霊長類研究に関わり続けていたようである。そんな彼が、施設建設に関わる整備費のうち二億三〇〇〇万円を不適切に使用したとして、京都大学から、「懲戒解雇」の処分を受けたのだった。会計検査院も総額一一億二〇〇〇万円に上ると指摘していたのだから、松沢哲郎氏以外にも五名の懲戒処分を下したのだった。

このことは、一昨日の新聞報道で知ったことだが、新聞に報道されたこと以外のことは何も知らない。でも、億単位の金が不適切な使われ方がなされたのだから、処分があって当然である。ただ、松沢哲郎氏の著作を読むだけでなく、松沢哲郎氏の講演まで聞きに出かけた私としては、〝チンパンジー研究に日夜没頭し、全身全霊心血を注いでいるほどの、誠実で実直な人なんだよなあ〟と思っている。そんな彼でも、「不適切使用」の科で懲戒処分を受けたのだから、「脇が甘かった」としか言いようがない。尤も、「脇が甘い」のは、本人の自己防衛本能だけの問題ではない。むしろ、「脇が甘い」状態で暮らし活動していける日常の常態化が一層深刻な問題である。別言すれば、組織・体制の在り様の問題であり、常態化を良しとしてきた組織責任者や管理者の自浄能力の問題である。上が腐れば、それに押し潰され続ける下は、よほどの覚悟と強かさが無ければ、腐れに巻き込まれていくだけである。

私は、五万円の不適切使用で、訓告処分を受けた。「文部省指定・道徳教育研究公開」に絡み不適切使用をしたのだから、処分を受けて当然である。でも、当時の時流は、不適切使用が常道だった。独自の判断で勝手に行う「自主公開」ではなく、「指定研究公開」である以上、それなりの体裁や形は不可欠だった。そして、そのためには、資金が必要だった。でも、その資金が必要な時に手元に無いとしたら……。教頭だった私は、裏方役として〝泥をかぶった〟のだった。折しも、宮城県知事は浅野史郎君だった。彼氏は、宮城県の浄化を掲げて当選したのだから、「私腹を肥やす源泉」と見て不適切使用をやり玉に上げたのだった。結果、翌年転任してきた新任校長さんは、〝事務所長から「不適切な使い方をしたものがあったら、処分は決してしませんから、正直に申し出てください」と言われたけど、昨年の公開で、不適切なお金の使い方があったら、そっとでいいから教えてください〟と、教頭の私に言ってきたのだった。

即私は、校長さんに五万円の話をしたが、脳裏には瞬間、裁判闘争を思っていた。不適切使用を常態化していた市教委・県教委、そして何よりも文部省を被告にしてである。でも止めにした。浅野史郎君を応援していたからである。

《生き方考》その二三二

「不適切使用」外伝

二〇二〇・一一・三〇

私は、五万円の「不適切使用」の科で、仙台市の教育長より処分を受けた。何故仙台市からかと言うと、その年の四月に校長職に昇進したが、任地が仙台市立荒浜小学校だったからである。私の教員採用は、宮城県教育委員会なので、任用・処分に関することは県教委の所管になるが、仙台市は政令指定都市になっていたため、県に変わって仙台市が処分となったようである。私は、内心〝仙台市は、私と何も関係なかったのに……〟と思ったが、ま、行政上の手続きはどうでもよかった。「不適切使用」を行ったのは事実なのだから。ただ、処分の部屋で思わず笑ってしまったのは、〝私は、五六円の計算ズレだけだったのに……〟と嘆いた女性校長がいたことだった。彼女は、仙台市の校長会の幹部であり、指導主事時代は、研究指定校に「不適切使用」を勧めていたのだった。ともあれ、私の五万円は、文部省からの研究推進費用一八万円から五万円を横流ししたものである。何故横流ししたかというと、指定研究の翌年に、必ず「指定研究後の実情視察」に来る輩がいると踏んだからだった。しかも、文部省からの入金は、公開研究会が終わった(一〇月)のに、一一月の末にしか届かなかった。それで、来年の来客用資料代にと、五万円を使わずに残したのだった。案の定、六月末に山形県・教頭会の四〇数名が大型バスに乗ってやって来た。名目〝指定研究の成果がどのように継続されているのか、学ばせてもらいたい〟と言うものである。「学び」に来る以上、成果の善し悪しを精一杯伝えたいと、質疑も含めて一時間半を設定し、資料を印刷し、研究主任と教頭の二人で対応することにした。

視察当日、予定の時間より一五分ほど早く着いたので、会場で一息ついてもらおうと玄関先で案内をしたら、世話人らしき教頭さんが私の所に寄って来て、〝今日の研修時間を、三〇分位にしてもらいたい……〟と囁いたのだった。何のことは無い。学校視察を早めに引き上げて、松島の温泉でのんびりと寛ぎたいとの意思表示である。私が関わる宮城県の教頭会も似たり寄ったりの思考・行動である。「宮仕え」の苦労を知る者同士、いがみ合っても仕方がない。研修会での資料説明を急遽二〇分で終わらせ、すぐ質疑に入ったのだった。でも、皆一様に気もそぞろ。質問の一つも出ないのだった。もう終了しかないと思い始めた時、ようやく質問の手が上がった。〝道徳の指定研究に取り組んで、取り組む前と後で、何か変わったことがありますか?〟と尋ねてきた。資料説明の時に言ったつもりだが、聞いていなかったらしい。同じことを言うのもしゃくだから、私は〝取り組む前は、近隣の学校の子どもたちと喧嘩をしては勝ち誇っていましたが、道徳の日常化が進むと軟弱になったのか、逃げまわるようになりました〟と言ったのだった。でも、これは、「道徳教育」の本質に関わる重要な提起である。誰も、そうは思わなかったようであるが。

《生き方考》その二三三

今どきの「前例主義」

二〇二〇・一一・三〇

安倍内閣を引き継いだ菅内閣は、〝「前例主義」を見直し、廃すべきは果敢にスピード感を持って進めていく〟と勇ましく啖呵を切って船出をした。安倍内閣では、「新型コロナウィルス」禍に日本中が混乱・困惑しているにも関わらず、一つの決断をしそれが行動として現れるまでに二ヶ月も要する姿が、国民の不安と非難の渦を巻き起こしたが、それをかわすべく掲げたスローガンだった。そして、それにすかさず飛び乗ったのが河野行政改革大臣である。承認や決済の文書が、省庁内でたらい回しの如く押印を積み重ねないとなかなか物事が動き出さないシステムに、「印鑑廃止」の号令をかけたのだった。しかし、そこに内在する本質的問題に切り込んでいく姿が見えないのが情けない。

例えば、私が人権擁護委員として関わった『SOSミニレター』でさえ、「作成文→担当者→主任→補佐→支局長→清書→発送」となるまでに、一〇年前には四日を要していた。それが、現在は二時間程度に縮まった。手順・流れは全然変わっていないのだから、担当部署での意識改革が進んだ結果としか思えない。つまり、一〇〜二〇個もある押印の流れでも、担当部署毎に意識改革が起こればスピード化が起こる余地があるはずだが、意識改革の話は無い。

また、「スピード化＝押印廃止」と短絡的に考えると、押印者の責任がますます曖昧になってしまうのは必定であろう。郵政不正事件に巻き込まれた村木厚子氏は、最後まで自分の責任には触れずじまいだったが、代理押印が常態化していた部署での「責任問題」を今もって関係者や関係省庁は定かにしていない。河野大臣は、山梨県の印鑑団体のみならず全国のハンコ業者から突き上げを受け、火消しに必死になっているが、省庁内での意識改革と責任の所在を明確にする方策を示さない限り、自己宣伝のパフォーマンスで終わるだけである。

話は変わるが、先日の河北新報に「宮城の市長要望活動裏目？」の見出しで、大崎市長と白石市長が東京へ往復し、新型コロナウィルスに感染したことが報じられていた。市長は二名だったが、事務方の職員も複数名いたもよう。でも、肝心なのは感染者数よりも、二市長が何をしに行ったのかである。新聞の報道によれば、政府予算編成の大詰め期の今、予算獲得のための陳情に行き、関係国会議員や関係省庁を回って歩いたのだった。昨年の台風被害や河川の氾濫被害の整備費を求めての陳情訪問であったらしいが、田中角栄時代からの「お情け政治」推進の何物でもない。というより、江戸時代から連綿と続く「お上に頭の下げ数の多い者、貢物や袖の下の上手い者が利を得る構造」が今もってまかり通っていたことに唯々驚く外はない。これこそが廃すべき「前例主義」の典型ではないのか。意を尽くし了解を作り出すのは、首長の大事な仕事である。でも、対等な関係の中で進めるのも首長の大事な役割なのである。

《生き方考》その二三四

『まちなか保健室』のこと

二〇二〇・一二・一二

二日前のことになるが、いつものようにテレビを点けながら朝掃除をしていたら、NHKのニュースに続いて、『まちなか保健室』の特番があった。観るとは無しに聴いていたら、「JKビジネス」とか「虐待」等の言葉が飛び込んできた。〝何か人権に関わりがあるな……〟と思いながら、掃除の手を止めて、テレビに見入ると、中年のおばさんが、女子高生位の女の子に、〝何か、困ったことがあったら、いつでも相談に来てね〟と、声を掛けてはチラシを配っている姿が映った。また、そのチラシには、虐待のことや、家にいられなくなったこと、お金に困ってもいかがわしい大人の誘いに乗らないこと等が書いてあり、その相談先に『まちなか保健室』と書かれてあった。また、特番の解説アナンサーは、「若草プロジェクト」、「シェルター」、「自立支援アパート」等を図解入りで説明し、これらの活動を村木厚子さんが中心になって進めていると話すのだった。

私は、村木厚子さんと聞いて、一瞬えっと思い、続けて〝ついに動き出したか……〟と思って、安堵し嬉しくなってきたのだった。後でiPadで調べてみると、【家庭での虐待→家出→不良大人への接近→「性の餌食」→風俗世界へ】となって、抜き差しならない状況へと落ち込んでいく十代の女の子たちを何とか救い出したいと『若草プロジェクト』を立ち上げたようである。そして、女の子たちの相談先として『まちなか保健室』を秋葉原とお茶の水の二か所に開設し、相談の結果によっては『シェルター』へ行けるようにし、『シェルター』後は、自立支援の民間アパートも用意した「救済の連鎖」を作り出したのだった。

これら一連の動き・活動は、一人で出来るものではない。活動に共感し、行動を共にする仲間がいて、それも多数いて成り立つことである。そして、何よりも活動資金が数百万から一千万円を下らない額が無ければ動き出せないのである。勝手に類推するに、村木厚子さんは自分の退職金を注いだのではないだろうか。東京地検の「でっち上げ捜査」がまかり通っていたら、懲戒免職になり「退職金〇円」が起こっていたのである。それが、裁判不問になり、満願退職したのだから、私らの比でない退職金をもらったはずである。でも、それは「キャリア官僚」を送ってきた対価だから、私らにはどうでもよいことだった。今の世には全く無関係・無関心の人になったのだろうと思っていた。

でも『若草プロジェクト』を立ち上げ、行動の人になったのは嬉しい限りである。村木厚子さんの活動・行動は、すぐさま世の中を一変させるものではないだろう。でも、確実に救われ自立して歩み出す人が出て来るはずである。大言壮語を吹聴し、常に上手く立ち回って保身の世界に逃げ込む輩には、決して理解出来ない思考・行動なのだろうが……。

《生き方考》その二三五

「教育の本質的営み」を知らない研究者たち

二〇二〇・一二・一九

『ケーキの切れない非行少年たち』（宮口幸治著　新潮新書刊）を読んで、ようやく得心した。〝研究者の方々は、「教育の本質的営み」を全く知らない〟でいることを。

『ケーキの切れない非行少年たち』という本は、著者が児童精神科医として、公立の基幹病院や医療少年院等に勤める中で、認知行動療法を通して「境界知能（ＩＱ85～70）」の子どもたちの認知機能に問題があると知り、世に発信したのが、この本である。私は、宮口氏に関して何も知らないが、この本を読む限り、極めて真面目な方であり、子どもの成長・発達のこと、とりわけ子どもの非行に心を寄せ、真摯に対処して治療改善を図ろうと日々苦闘している人なのだと思えた。本の著者欄を見ると、立命館大学産業社会学部教授となっているから、研究者の道を歩んでいるのだろう。でも、教育という営みには、【教師の「教える」活動では、子どもからの「納得と了解」が常に必須不可欠であり、更に進んで論理化した「合意」が成立すること】が必要十分条件であることに、全く関心無いか、知ろうともしないでいるのだった。これは、『AI vs. 教科書が読めない子どもたち』（新井紀子著　東洋経済新報社刊）の新井紀子氏も同様である。新井紀子氏も国立情報学研究所教授とあるから、やはり研究者の道を歩んでいるのだろう。そして子どもたちの現状を、極めて真面目に憂いている人なのだろう。本に表されている子どもたちの姿は、まさにその通りであり、本書の現状認識に何の異議もない。でも、彼女も、「教育の本質的営み」に、全く関心が無いのか、知ろうともしないのであろう。

『続・生き方考』で、何人かの研究者に〝「斎藤喜博」、「島小」、「民間教育運動」を知って下さい。貴方の論の視点が変わるはず……〟と書き送ったが、一切梨の礫だった。その因は、私の問題だろうと思っていたが、研究者の思考の中に、「教育の本質的営み」の視点が完全に欠落したまま、子どもの問題、子どもの成長・発達の問題は既知のこととして、自分の研究領域の発信をし続けていることに気づかないのだった。尤も、『日本の公教育の再検討――自由、保障、責任から考える』（大桃敏行・背戸博史編　岩波書店刊）を読むと、教育研究者の方々でさえ、「教育の本質的営み」を一顧だにせず、制度論やあり方論を述べているのだから、さもありなんと思うほかない。

理科教育の高橋金三郎先生が、数学者であり数学教育協議会の委員長だった遠山啓さんの主張に抗して、何故「第二用法」に拘ったのか。また、何故「四段階指導」の順序性を疑問視したのか。今になって分かったことは、「量」の認識に、子どもの認識の柔軟性と多様性に依拠したからであり、ヘッケルの「個体発生は系統発生を繰り返す」を子どもの理解と認識の面から再吟味しようとしたのだった。これは、まさに「教育の本質的営み」を極めて具体的に、且つ極めて典型的に追求・追究する姿勢そのものであった。

《生き方考》その二三六

客人（まろうど）とニライカナイの繋がり

二〇二一・一・三

宮城の民話採訪者・小野和子さんの本『あいたくて　ききたくて　旅にでる』（PUMPQUAKES刊）を読んでいたら、民族学・国文学者の折口信夫の「客をまれびとと訓ずることは、我が国に文献の始まつた最初からの事である……」（折口信夫著『国文学の発生　まれびとの意識』）を引用し、「村に「来訪する者」の意味を追求し、古代の村人がまれびとを「とこよから時を定めて来たり訪う」ところの常世神と見ていた」と折口信夫説を述べていた。そして、「それにつけても、民話の世界では実に多くの「まれびと」の来訪を一話の中軸に置いていることかと驚く。鬼、山姥などの異界の妖怪、六部、旅人、乞食、薬売り、渡世人、そしておびただしい異類たち……、ただ、古代の村においては、来訪者が村人の生活を「幸福にして還る」存在だったのであり、民話の多くが、もうひとつの世界から来訪した者たちによって蘇生し、新境地を志向し、新しい空間と時間を作り上げていた……」との文に触れ、私の客人（まろうど）観が如何に皮相で浅はかだったかと思い知らされた。

私は、「客人（まろうど）は、他所者なので、自分らの生活圏を乱されぬよう、接待攻勢をかけて早々に退散してもらう存在」と思っていた。だから、日常とは違う贅沢と思えるほどの御馳走を目の前にすると、〝ああ、早く帰れということだな……〟と思ったりしていた。時代劇『水戸黄門』の悪代官ではないが、私が現職教師時代に触れた「官官接待」はその典型だったし、知人宅を訪れても、二日目・三日目と経つにつれ、接遇事情が変わってきたものだった。

でも、小野和子さんの一文に触れ、「村人」を縄文時代の集落と捉えると、まさに「客人（まろうど）」は時代を拓く常世神だったのだろう。そうでなければ、縄文人の旺盛な交易・交流は考えられない。その縄文人の発想・思考が、大和以来の権力構造・支配構造の中でも、支配者とは異なる被支配者（無辜の庶民）の中で「常世神思考」が綿々と続いてきたのだろう。そう思った時、私の中で沖縄の「ニライカナイ」と「客人（まろうど）」が繋がったのだった。

「ニライカナイ」とは、『沖縄語辞典』によると「海の彼方にあると信じられている理想郷」とある。だから、私は「西方浄土」「極楽」とか、「竜宮城」のような別天地のパラダイスのことだろうと思っていた。でも、愛音こわんこども園の園長・比嘉キヨ子さんは、〝私たちに幸せを運んでくる、此処とは違う世界のことよ〟と言うのである。

日本人のルーツは、東南アジア系とオホーツク・北海道系の二ルートが考えられている。しかも、縄文時代には、既に沖縄・九州・東海・東北・北海道の交流・交易が起こっていた。だから、客人（まろうど）とニライカナイは通底し合った同根思考なのかもしれない。そう考えると、改めて、沖縄と東北の繋がりを感じさせられたのだった。

《生き方考》その二三七

我が文（思考）の通じ難さ

二〇二一・一・五

現職の教師を我が「心の鏡」として書いた『生き方考』と『続・生き方考』は、すこぶる評判が悪かった。『生き方考』が出た時、〝この人なら私を知っているから、真っ当に通じるだろう〟と総計で二五〇冊位送ってみたが、「読んでみて、面白かったら、買って下さい。沖縄での、ボランティア活動の資金にします。面白くなかったら、ごみ箱に捨ててもらって構いません」の添え文が悪かったのか、六割強の人は無反応だった。それではと、『続・生き方考』の時は、「謹呈」の二文字だけを添えて送ってみたが、やはり、前回同様の結果だった。特に、現職の教師連中は、ほとんどが無関心・無反応だった。〝「生き方」なんて、訳の分からないことを勝手に言われたって……〟と思ったのかもしれない。その惨憺たる結果に、私は、〝時代が違うから……〟と時の流れを思ったものだった。

コロナ禍を機に、「三度目の挑戦！」と思って『幼児教育と音楽劇』を出した。〝子どもの姿や音楽劇のことを具体的に書いたので、今度はいくらか通じやすいはず……〟と思って「謹呈」の形で知人に送ってみたが、現職の教師たちからは依然として無反応だった。教授学の会関係の方なら……と若干期待していたが、完全に無視されていたようだ。

そんな状況の中で、現職校長のNさんから、次のような手紙が来た。

「すべて言い訳になってしまいますが、率直に言えば私にとってはとても難しかったです。私の頭では一度読んでもよく理解できず、二度読んだらますます分からなくなりました。もちろん、書かれている内容は理解でき納得もできましたが、おそらくこれまでそういった見方や考え方、実践をしてこなかった故の悲しさだと思います。

『生き方考』、『続・生き方考』は痛快な思いで拝読（読破）いたしました。とりわけ田中先生とご一緒させていただいた頃の懐かしい回想場面がいくつも蘇り、臨場感のある文章として迫ってきたものでした。今回も渡波小時代に、梶山先生からいただいたご指導、朝早く狂言の練習をされている様子、そして学芸会の折に「こどもたちは衣装や小道具などは使わないで演技します」「照明は一切使わず明るくして演技します」とお話しされ、随分と職員とのやりとりをなされた場面等々、少なからず現場を体験しているはずなのに、なかなか文章の本筋をとらえられなかったように感じています。ちょっと頭が老化してきたのかなと思います。もう一度ゆっくり読んでみます。おそらく私のこれまでの教員生活の中で、「表現活動」というジャンルへの意識がかなり不足していたのだろうと思います。今となっては、手遅れですが……。

帯書に『本書が日々、子どもたちと関わっている保育士さんや教師の方々に、僅かでも指針や指標の一助になれれば幸いです』とありましたが、渡波小時代に気付かなければならないことだったなあと今になって思います。」

この手紙を貰って、私はショックだった。「一度読んでもよく理解できず、二度読んだらますます分からなくなり」とは何ということだろうかと思った次第。でも、別の日に、Mさん（元東北大学・細谷純研究室院生）から、〝田中さんの文を読むと分かりにくいよ。言っていることが繋がらずに、別の事になっていく……〟の電話が入った。私は、「論の趣旨が、きちんと構築されていない」と受け留め、あれこれ言い訳じみたことを述べたが、Mさんは承知しない。なんだかんだと一時間半ぐらい電話で話し合ったが、彼氏が感じた「分かりにくさ」は解消しなかった。「分からない」や「分かりにくい」を抱えたまま年を越したが、元校長のSさんからの年賀状に、「本の中身は『続々生き方考』であり、見て・やって・学ぶ田中さんの生き方そのものだと感じました」とあり、もやもやの中に一条の光が差した気がした。そうして、ようやく思い至ったのが、高橋金三郎さんが斎藤喜博さんに言った「文字化された記録は、どんなに完璧に記録を取ったとしても、それを読んだ九九パーセントの人には理解されないものである。しかし残り一パーセントの人が、その記録から読み取り、後の人に伝えたり、拡大していくものである。」（『わたしの授業　第一集』斎藤喜博著　一莖書房刊）の文言だった。

私は、『幼児教育と音楽劇』の読者対象を現職の教師や保育士に焦点を当てたため、課題や提言形式の叙述になったが、内容は、実践に基づく自省の記録として書いたものである。この視点・姿勢は、学生時に『教育文化』に投稿した「私の実習日記」以来、五〇年以上変わっていない。

しかし、私のこの視点・姿勢は、その時々で共感する仲間を得たが、それ以上に圧倒的多数の人から嫌われ、無視され、時には排斥されることを結果してきた。その都度、「不徳の致すところ」と思い、ひねくれた我が思考の欠点を思ったものだった。でも、今にして思うと、私のような視点・姿勢を、世の多くの人は決して取らないのだった。それが、安心・安定の秩序を維持し、日常の楽しみや喜びを享受していけると頑なに思い込んでいるからなのだろう。

優れた事実や目の覚めるような事実を見ると、私もやってみたくなる。それでやってみると、中々上手く出来ないし、失敗を繰り返す。でも、何とかクリアしたいので考え工夫する。そして、そのクリアする過程を論理化して納得するよう文にしてみる。その繰り返しの五〇年だった。

学生時からの五〇年来の友人・宮原修さんに『幼児教育と音楽劇』を送ったら、次のような返事が返って来た。

「教授学研究書の完成ですね。田中さんらしい研究書だと思います。梶山さん、金三郎さん、斎藤さん、林先生などの墓前に奉納できますね。中身はまだ読んでいませんが、田中さんの五〇年の歩みの集大成なのでしょう。」

私の思い・願いを一瞬で見抜いた文言だった。

《生き方考》その二三八

高橋金三郎さんの卓見性

二〇二二・一・八

斎藤喜博さんは、『わたしの授業　第一集』（一莖書房刊）の「『わたしの授業』の出版にあたって」を読むと、退職後に各地で行った授業を記録として世に残すことに、拒否する如く躊躇っていたようである。書中にある「ひやかし半分の見物客」云々の言葉が示す通り、「島小」以来、現職時のみならず退職してからもずっと「ひやかし半分の見物客」に悩み続け、憤りを感じ続けていたからである。「客観的な評価」を大義名分として、自分の手は一切汚さず、重箱の隅をつつくような粗捜しに狂奔し、一つでも不足を見つけると、鬼の首でも取ったかの如く〝だから斎藤喜博は駄目だ……〟と嘯く輩に辟易してきた。また、仲間・同調者を装っていても、決して汗をかこうとしない連中に、失望を繰り返してきたからだった。

そんな中で、高橋金三郎さんは、斎藤喜博さんの背中を強く押したのだった。斎藤喜博さんが亡くなる四年前の事であり、今から四〇年以上も前のことである。前掲書によると、その時の文言は、次の通りである。

「〇　授業の記録として、映画やVTRなどによる記録と文字だけの実践記録とで、後者が不完全で価値が低いという考えには必ずしも賛成できない。

○後者のような実践記録では、その授業が理解されがたく、別のものに誤解される可能性は確かに大きい。しかし、それを恐れては、文字による実践記録の意義がなくなってしまう。

○実践記録は主観が入るから駄目というが、それはすぐれた授業にはあてはまらない。でたらめやうそのある、つまらない授業の記録は駄目であろうが、優れた実践家の記録なら、主観が入っているほど貴重ではないか。

○化石から古代の生物を復元するのは至難のことである。が、この至難に挑戦したからこそ、今日「古生物学」という魅力的で重要な学問が成立したのではないか。

○化石の研究は難しい。けれども古代の生物が、変質しやすい部分をすべて棄て、骨や歯のようなものだけを残したからこそ、数千万年前、数億年前の貴重な資料を我々に残すことが出来たのである。

○化石だけからは、古代の生物について、いろいろと間違った考えがなるほど生まれたが、古生物学の発展につれて、(我々が古代に生きていないのに)そうした考えの間違いであることが、次々と分かってきた。それは必ずしも化石の種類がたくさん発見されたからではない。

○「現在は過去の鍵である」、現在の生物学の研究が発展して、古代の生物にまでその法則を適用することができた。そのような方法論を意識的に適用したからである。

○斎藤喜博氏の授業を映像で記録するのはとても重要な仕事である。同時に、斎藤喜博氏の文字だけの実践記録は別の意味で極めて重要である。後者は誤解をたくさん受けるかもしれない。それでも、教授学が真に学問として発展し、優れた実践家が新しく出現する限り、その真実はやがて解明されよう。」

（『わたしの授業　第一集』・『わたしの授業』出版にあたってより）

この高橋金三郎さんの一文は、研究者らしく極めて的確且つ明解である。孤立無援状態だった斎藤喜博さんにとって、何よりの援軍だったことだろう。私がまだ附属小学校にいて、一年生と「忍者の学級」を志向していた時のことである。また、私が初めて取り組んだ身体表現活動の『火い火いたもれ』が斎藤喜博さんに悉く否定され、丸裸にされてうろうろしていた頃のことである。当時、授業分析センターにいた高橋金三郎さんに、〝惜しいことをしましたね。上から怒られても、下向いて神妙にしてればいいんですよ。斎藤さんの手入れなんて、何回もあることでないんですから……〟と言われて、決意を新たにしたのだった。

高橋金三郎さんには、学生の時に『自然弁証法』の自主ゼミで、〝「唯物弁証法（量質転化・否定の否定・対立物の相互浸透）」は、探偵術だと思ってますよ〟と言われたことがある。その時は、〝ふーん、そんなものか……〟くらいにしか思わなかったが、五十代になってようやく「日本人の身体行動＝ナンバ」と大づかみにすることで、「身体の動き」の効率性・俊敏性・持久性・爆発力等々が少しずつ見えるようになってきた。そしてそれは、真逆ともいえる西洋の動き（否ナンバの動き）との繋がりも定かにしてくれたのだった。

更には、ヘッケルの「個体発生は、系統発生を繰り返す」説を探偵術に準えると、身体の進化のみならず、「認識の世界」の進化発展や、「情緒の世界」の進化発展までもが、私の学びの視野に見据えられてきたのだった。これは、解剖学者の養老孟司さん（三木成夫に師事）の著述を読むうちに気づかされたことであり、狂言に取り組む中で気づかされたのだった。しかも、沖縄のこども園・保育園の子どもたちと関わる中で、子どもの身体・認識・情緒面の成長や発達の姿に、人類史の中での典型と多様が潜んでいると思わされるのだった。私は研究者ではないので事の真偽を極めていくつもりはないが、「探偵術」として、自然弁証法やヘッケルの説、ナンバ等を視座にすえると、音楽劇に取り組む時の論理構築や、子どもに即した具体的手立てを見い出すのが容易になってくるのだった。

高橋金三郎さんは、現在の私（七三歳）と同じ年頃に、もう書く気力が無いからと、私に「包含除から等分除へ」の口述テープを送ってきた。それは、割り算の指導が「第一用法→第三用法（等分除→包含除）」という流れに抗したプランだったが、プランが具体化する前に、二年後、他界（享年七六歳）してしまった。実に慚愧に堪えない。

《生き方考》その二三九

音楽劇で「解釈する」のこと

二〇二一・一・二五

岐阜・八幡保育園の稲葉直温さんに、〝うちの保育士たちに、「解釈すること」を教えてくれませんか？〟と言われたのは、何時のことだったろうか。その時は、〝はあっ〟と曖昧な返事をしたが、「解釈すること」についてまだ明確に捉えていなかった。それでも、何とか応えようと試み続けたが、私の力不足で、何年か後には八幡保育園と縁が切れてしまった。そうして今、ようやく「解釈すること」の中身が具体的に見えてきた。今は亡き稲葉直温さんに、〝遅くなって、ゴメン！〟と謝るしかない。

で、子どもが取り組む音楽劇での「解釈する」とは、次の四つの点での解釈と具体策が不可欠だったのである。

① 原作者による原作への願い（主題）を捉える。
② 脚色者の脚色意図、および作曲者の作曲意図を理解する。
③ ①および②を踏まえて、ドラマになるよう演出・構成を具体化する。
④ 子どもに「役（役割）を楽しむ」ための具体的手立てを持つ。

①は、原作の「読み取り」のことである。脚本と曲が既に出来上がっているからと、原作をな

いがしろにすると音楽劇は、深みの無い薄っぺらなものになってしまう。そしてまた、演じるのが子どもだからと「読み取り」をいい加減にすると、すぐに見破られてしまう。子どもは、大人が思ってる以上に、はるかに感受性が豊かで鋭い存在なのである。「子どもは、大人が使う言葉を、同じようには駆使出来ずにいるだけ」と思った方がいい。

②は、アーサー・ミラーの『セイラムの魔女』と劇団民芸の『るつぼ』とか、山本周五郎の『赤ひげ診療譚』と黒澤明監督の『赤ひげ』のように、それぞれがそれぞれに独立していて面白い。これは、脚色者が原作を損ねることなく、自立して「劇としての作品化」を図っているからである。当然、音楽劇の脚本も曲も、子どもの成長・発達を企図したものでなければならないし、それを感得するのも解釈になる。

③は、音楽劇に取り組む教師や保育士の直接的な仕事になるが、この時、子どもの今ある姿だけでなく、成長・発達していく姿をイメージ（想像）出来ないと、劇団や俳優養成所のミニチュア版になってしまい、子どもに苦役を強いたり、拒否反応を起こさせてしまう。

④は、【子どもが演じる多様な姿には、人類進化の典型が潜んでいる】と考えると、「その気になる」と「楽しんで」が自然に起こることが必須不可欠になる。その手立てを数多く持つことが、教師・保育士の真の研修・研鑽になる。

《生き方考》その二四〇

森会長の辞任

二〇二一・二・一一

森会長とは、東京五輪・パラリンピック大会組織委員会の森喜朗会長のことである。この森会長が、二月三日の日本オリンピック委員会（ＪＯＣ）臨時評議会の席上、女性理事の割合を四〇％に引き上げることに関して「女性がたくさん入っている理事会は時間がかかります」「女性っていうのは競争意識が強い。誰か一人が手をあげると、自分も言わなきゃいけないと思うんでしょうね。それでみんな発言されるんです」「女性を必ずしも数を増やしていく場合は、発言の時間をある程度、規制を促していかないとなかなか終わらないで困ると言っておられた」「（組織委員会にも女性がおられますが）みんなわきまえておられて。みんな競技団体からのご出身であり、国際的に大きな場所を踏んでおられる方々ばかりです」と述べたことが問題になった。翌日の四日には、「深く反省し、発言を撤回させていただきたい。不愉快な思いをさせた皆様にはおわび申し上げたい」と述べ、早々と火消しに及んだが、ますます火に油を注ぐ結果を作り出していった。そうして、菅首相や橋本五輪相には「国益を損ねる」と言われたり、スポンサーに苦言を呈されたり、ボランティアや聖火リレー走者から辞退者が出てきたり、オリンピックのアスリートだけでなくテニスの大坂なおみ選手にまで非難されるに及んで、今日の一一日、ついに森喜朗会長は、辞任するに及んだのだった。

森喜朗氏は、首相時代から失言を重ねては、謝罪と発言の撤回を繰り返してきた。「日本は神の国」と言ってみたり、「滅私奉公」をはばかりなく公言したり……。これらは、失言というよりも、彼氏の生活信条・政治思考の中から出てきたものである。だから、いくら国会で謝罪し、発言を撤回して議事録から抹消されたとしても、彼氏の思考・行動は一向に変わらないで政治活動をし、引退後も同じ思考行動で生き抜いてきたのである。本来ならば、戦後の日本国憲法成立時に、戦後民主主義の出発と共に変わらねばならなかったのだが、口では憲法遵守を唱えても、端から認め推進する気などなかったのである。併せて、ラグビー選手として男の見本みたいな「体育会の世界」で青春を送ったのだから、「義理と人情」「序列順守」「我が師・我が先輩の恩と後輩の面倒」を体現することに意義を感じ、相手にも求めることが根回しの妙と思い続けてきた人間だった。

つまり、古き良き姿にノスタルジーを感じ、事ある毎に〝今の若い者は……〟と非難し、不満を募ることに生きがいを感じる思考者には、打ってつけの人物だった。そして、同様の思考・行動をして世の役職に着いた者にとっては、森喜朗氏は安泰と名誉を保障してくれる得難い存在だったのである。

その森喜朗氏が会長職を辞任した。しかし、これが〝時代の変わり目〟になるかは、国民一人ひとりの今後の在り様になる。コロナ差別が続く中で、「他人の不幸は、蜜の味」から本気で抜け出せるのか、大きな試金石である。

両人に見る「わきまえる女」の強かさ

《生き方考》その二四一

二〇二一・二・二七

両人とは、オリ・パラ大会組織委員会会長の橋本聖子氏のことであり、内閣広報官の山田真貴子氏のことである。

数年前に、沖縄・あおぞら第二保育園の副園長Tさんと『ちゅらさん会』で飲んだことがある。その時、彼氏の学生時代（順天堂大学）の体育会の話になり、彼氏は〝この世界は、「はい！」か「イエス！」の世界ですよ〟と言って、座を笑いの渦にしたことがあった。私は、笑いの渦を聞きながら「言い得て妙」と感心したのだった。

この体育会の体質は、戦前の軍隊からの流れであり、更には、儒教思想の「長幼の序」まで行きつく思考・体質である。だから、日本人にとっては根深い体質なのだろう。この「長幼の序」とは、「年下の者は年上の人に敬意を払うべきであり、むやみに先を越してはいけないという、孟子の教え。」（明解国語辞典）というものである。年上の者は、年下の者より先に「生」を受けたが故に、年下の者より「経験知」が豊かであり、年下の者はその「経験知」を尊び、敬意を払うべき……という論法なのであろう。「経験知」は、年齢差に依拠すれば、年下の者は、永遠に年上の者を超えられない。だから、「長幼の序」という思考になるのだが、この「長幼の序」には、「経験知」と併せて自己否定と自己再生が内包されている。不断の修練による「自己否定・自己再生」があるからこそ、容易には年上の者を越えられず、教えを請い学び続けるのであろう。だから、もし年上の者が、不断の修練・修養がずさんになり、新たな自己を蘇らせることを怠ったならば、保身のための「序列の世界」に惰し、溺れていくだけである。

で、橋本聖子氏は、この世界を熟知し、森善朗氏を上手くキャッチしたのだった。森善朗氏ならずとも、男なら〝私にとって「特別な人」です。父と言っていいのか……〟と言われたら、九割九分の男は、篭絡されてしまう。「森善朗＝男世界のドン」を手中にし、後は順風満帆の歩みになったはず。でも、突然の辞任で、矢面に立たされ……。森善朗批判のパフォーマンスはしたものの、秘書官作成の原稿を読むだけで、自民党を離党するわけでもなく、議員辞職もしなかった。（後日、自民党を離党したが、野党からの批判を受けて、様々の調整が結果しただけだった。）

また山田真貴子氏は、キャリア官僚から安倍晋三内閣の時、「女性活躍社会」の象徴として内閣広報室に抜擢されたのだった。マスコミ等の報道では、彼女のキャッチフレーズは「飲み会を断らない女」でいたとか。キャリア官僚がこの言葉を公言するには、よほどの腹積もりが有ったのだろう。ともあれ、霞が関の男性上司には「さばけた女性」と映っただろうし、昨今の「競争と忖度」が充満した官僚社会の後輩男性には、「くだけた女性」と映ったことは間違いない。国会でのそつの無い謝罪答弁は、「男社会」「序列社会」を強かに生き抜く姿そのものだった。

二〇二一・三・六

《生き方考》その二四二
「天然の生命律」のこと

「天然の生命律」とは、石牟礼道子が女性運動・黎明期の高群逸枝を評した時に使った言葉であったという。「あったという」とは、私が石牟礼道子の諸本を読んで見い出した言葉ではなく、『苦海・浄土・日本　石牟礼道子　もだえ神の精神』（田中優子著　集英社新書刊）を読んでいたら、書かれていた言葉だからである。恥ずかしながら、私は石牟礼道子の本を『苦海浄土　わが水俣病』しか読んでいなかった。しかも、今から五〇年も前の、学生五年目の時だった。当時の私は、小学校教師になることを喫緊の課題にしていたため、「女性の問題」も、「公害問題」も、「大学闘争」も、それなりに触れる程度で過ごしていたのだった。

ともあれ、田中優子氏の前述書を読み、「天然の生命律」という言葉に出遭って、改めて〝何でこんな言葉を使ったのだろう?〟と気になったのだった。しかも、読み進むと、

「道子の作品は、ゆったりとした太古の時間の流れだけがあるわけではない。その言葉には、深いところから湧き出る泉のような生命のリズムがあるのだ。作品の内容はきわめて重く、人間のつらさや苦しみを極限まで含んでいるが、そこには確かな生命の律動がある。」

と、「天然の生命律」を「生命のリズム」の語句に言い換えているのだった。

私が音楽劇で探求しようとしている「生命のリズム」は、子どもたちの取り組む音楽劇において、子どもたちがお互いに同機・同調し、響応・対応していく中で、アンサンブル感覚を共有しながら一体化していった時、子どもたちに「生命のリズム」がみずみずしく湧き起り、溢れ出て来る姿を意味している。それは、子どもたち個々人が、それぞれに生気に満ち光り輝いていることを意味しているだけではない。今となっては確かめようもないが、梶山正人さんが使い出した「生命のリズム」も、同義・同志向だったのではないだろうか。

田中優子氏が石牟礼道子評として使う「天然の生命律＝生命のリズム」は、生命史の流れから俯瞰した民族学や社会学で扱われるべき「自己・他人」「個人・共同体」「組織・社会」等が、軋轢と支え合いの中で生じる「生命のリズム」を意味しているようだ。アメノウズメの裸踊りも、平塚らいてうの「原始、女性は太陽だった」も、そして「もだえ神」もみな一様に〈支え合い、助け合い、時には共に苦しむ共同体〉に帰結する。

一見、同語異義の「生命のリズム」のようだが、もしかすると、「今を生きる人間の自然で無心な姿」として通底し合っているのかもしれない。田中優子氏の『苦海・浄土・日本――』での提言は、私に新たな学びを指し示している。

《生き方考》その二四三
「文書として決済致しました」のこと

二〇二一・三・一九

今、国会では歴代総務大臣と総務省官僚の対処・対応の仕方が問題になっている。事の発端は、菅義偉内閣総理大臣の息子が「繋ぎ役」になって、電波行政が歪められた（官僚が忖度をして歪めてしまった）というものである。国会での論戦を聞いた時、菅総理の「身びいき」の話であり、菅内閣の韓国版（韓国歴代大統領が親族を異常に優遇し、結果、退任後に投獄されたこととの繰り返し）かとも思ったが、話が進むにつれて、民間側（東北新社・NTT）の人脈を手蔓にしての利権獲得と官側（総務省官僚・内閣――総理大臣・総務大臣）の行政監督権（許認可権）の乱用問題に発展している。まさに一九八〇年代に起こった『ロッキード事件』再来の様相を帯びてきた。

で、国会の様子をテレビで観ていたら、総務省・電波部長の鈴木信也氏が答弁に立っていた。彼氏は、二〇一七年当時、衛星事業放送課長として、東北新社の木田由紀夫執行役員から〝外資規制違反」にかかるので……〟という相談を受けたのだった。しかしながら、鈴木信也部長は、〝相談を受けた記憶はございません〟と突っぱねたのだった。この後、〝相談に言ったのは衛星・地域放送課長の井幡晃三課長だったが、休暇で不在だったので……〟とか、「当日は放送課長は出勤していた」と事実認定が二転三転し、挙句の果ては、鈴木信也部長の答弁の時、武田総務大臣が〝「記憶にない」と言え！〟と小声で喋った等に事が展開し、今日時点で、ごちゃごちゃの混乱状態になっているのだった。

ともあれ、私が注目したのは、外資法違反（※会社の持ち株が、二〇％を超えて外国資本に持たせてはならないのに、東北新社は二一％近くを拠出していた。）になるので、慌てて子会社を設立し、その子会社が衛星放送の放映権を申請し、その申請書類を通す決済文書に当時の鈴木信也課長が決済印を押していたのだった。結果的には、申請書類が承認されて衛星放送の放映権を獲得したものの、この一連のごたごたの中で、認定取り消しになり、また「誰が決済したのか」「何故決済したのか」として、鈴木信也電波部長が国会に呼び出され、答弁する羽目になったのだった。なお、十幾つある決済印のうち、上から三番手の決裁者が鈴木信也課長。そして、直属の上司であり最終決裁者が山田真貴子前内閣広報官だった。

この決済印について問われた時、鈴木信也氏は〝文書として、決済致しました〟と答えたのだった。つまり、「文書として瑕疵が無い（誤字・脱字、文言の使い方、書式の仕様等）ので、決済印を押した」というのである。でも、彼は、文書の内容（子会社化で外資法違反を逃れようとした）ことには、一切「異」を感じなかった。否、感じていても、下に倣い、単に上へ流したのである。此処には、官僚としての矜持は無く、忖度と保身しか見えないのだった。

《生き方考》その二四四

人権擁護委員の「安否確認」から見えること

二〇二一・三・二三

二月一三日午後一一時過ぎに起きた福島県沖を震源地とするM7.1の地震では、私の生活地・石巻が震度五強の揺れだった。また、翌月三月二〇日の午後六時過ぎに起きた宮城県沖を震源地とするM7.2（後日M6.9に修正）の地震では、震度五強の揺れに襲われた。同じ震度でも、体感では三月の地震の方が強く長い気がしたが、度重なる地震で我が家の普請が弱くなり、箍が緩んできていたのかもしれない。ともあれ、津波も来ず、家の本体や家財・家具に目立った被害が無かったのは幸いである。

で、前回と今回、私の所属している石巻人権擁護協議会の事務局から「安否確認」の連絡が入った。聞けば、仙台法務局からの問い合わせだと言う。私が併せて関わっている民生委員の方は、厚生労働省や社会福祉協議会からの問い合わせは来ていないので、大本は法務省・人権擁護局からの発信なのだろう。もしそうならば、特別公務員扱いになっている全国一万四〇〇〇人程が活動している人権擁護委員への配慮に感謝したい。人権擁護委員は、民生委員同様、年間を通して無給で活動している、いわば「ボランティア活動」同然なのである。

とは言え、応答の内容が、「安否確認」なのか「被害状況の確認・調査」なのか、不確かだったのがいささか気になった。相手に聞かれるままに、私自身の安否だけでなく、家族の安否や家屋・家財の被害状況や、隣近所から地域の様子まで話していったので、会話の焦点がぼやけてしまった。十分ほどの会話だったが、見知った相手だったのでなおさら世間話風になってしまったのだった。

人権擁護委員会は、無給とは言え、一つの組織体である。しかも「法務省（人権擁護局）↓仙台法務局（人権擁護課）↓石巻支局」との縦の法務行政と相まって、「全国人権擁護委員連合会——東北ブロック人権擁護委員連合会——宮城県人権擁護委員連合会——石巻人権擁護委員協議会」と組織されている。此処には、行政組織のように「上司の命に従い……」という上下関係が法文化された組織ではないにしても、組織としての機能が維持され活動出来るよう、お互いの了解と信頼、そして時には、統一された一致行動が暗黙裡に求められている。更に言えば、絶えず構成員相互の協力的で支援的な、それでて自律し自立した行動が不可欠になっている。それだけに、「安否確認」一つにしても、簡潔明瞭な確認が必須であり、スピーディーな伝達・連携が肝要になる。つまりは、発信者の意図や確認事項が的確に伝わらなければ用をなさないし、受信者が発信者の意図・確認事項を的確に理解し咀嚼出来なければ、これまた用をなさない。これは、「防災マニュアル」に拘る危機管理体制の在り方にも関わること。他山の石としたいものである。

二〇二一・三・二九

《生き方考》その二四五

「推移律」を証明する

数学の世界では、「同値関係」を次のように定義している。「或る集合Xの任意の2元x,yの間に或る関係xRyが成り立つか否かが定まっていて、関係Rについて次の3つの条件が成り立つ時、Rを同値関係という。1) xRx（反射律） 2) xRyならばyRx（対称律） 3) xRyかつyRzならば、xRz（推移律）」（『岩波数学辞典』）。

これは、日常語で言えば、同値関係とは「同じ」関係ということになる。つまり、1）は、「AはA自身と同じ」ということであり、2）は、「AとBが同じならば、BとAは同じ」ということになり、3）は、「AとBが同じで、BとCが同じならば、AとCは同じ」ということを表している。でも、この「同じ」という関係は、日常的に常用しているが、分かったようで分かりにくい。解剖学者の養老孟司さんは、「同じ」の意味することの追求を二〇年も探究し続けた（『養老孟司の大言論Ⅱ　嫌いなことから人は学ぶ』新潮社刊）。養老孟司さんには、「同じ」と「違う」の違いが、絶えず研究中の脳裏から離れなかったようである。

話は変わるが、小学校での「面積」指導で、等積変形が無前提で使われている。そのことに、今は亡き理科教育の高橋金三郎さんは、五〇年も前から〝等積変形は、証明なしに使ってはだめだ……〟と言い続けていた。亡くなる直前に貰った録音テープ（『現代算数・数学教育の問題点』――一九九〇年頃入手）でも、やっぱり「等積変形は、証明しなければ駄目ですよ……」と言っていた。そうして、ようやく気づいたのが、高橋金三郎さんの言う「証明」とは、「子どもが納得することの積み重ねでしか、学習は深まっていかない」ということだったのである。当時の私は、「証明」を「数学の世界」の思考で受け留め、無謬のない論理構成との考えから抜け出せず、〝「違う」と言われたならば、どうやって証明するのだろう?〟と思い悩み、ずっとすれ違ったままでいた。

でも、〈教育という営み〉では、「子どもの納得と了解」が必須不可欠のことと思うようになって、高橋金三郎さんが拘る「証明」の意味がようやく分かって来たのだった。つまり、面積指導での「等積変形」は、推移律を活用した思考・作業になるのだが、その思考・作業には、〈子どもが順次に示す「納得」と、子どもが時々に示す「多様」な思考・行動を、子ども同士が学習活動の中で絶えず「了解」し合う〉という丁寧な積み重ねが不可欠だったのである。

推移律は、既に常識化した大人には、自明なことである。だから、様々な所で応用・活用していく。でも、子どもにとっては、〝うん、そうだ！〟の積み重ねでしか、学習は進んでいかない。高橋金三郎さんは、子どもの「論理構成」や「定理（法則）の獲得」はそのようにして進んでいくと、理科教育の立場から主張していたのだった。

二〇二一・四・二

《生き方考》その二四六

〝三〇〇〇円を貸してください〟のこと

今朝、八時過ぎに我が家を一人の男性が尋ねて来た。応対に出た相棒が私を呼ぶので、玄関に出てみたら、四〇歳を過ぎた薄汚れた服装の男性が立っていた。その彼氏が言うには、〝母親が救急車で運ばれたので、タクシーで行きたいから、三〇〇〇円貸してください！〟と言ってきた。私がいぶかって対応しかねていると、〝四月六日にお金が入るので、必ず返します……〟と、続けて言ってきた。私は、「是は怪しい」と直感したが、民生委員の立場上、無下に追い返すわけにもいかない。何しろ、月に一回ずつ地区民児協の定例会で、民生委員児童委員信条「わたくしたちは、誠意をもって、あらゆる生活上の相談に応じ……」と唱和している身である。それで、改めて三〇〇〇円を貸してほしい事情を聞き始めた。

〝私は、地区の民生委員をやっていますが、お金の貸し借りをするのが仕事ではありません。それで、お金を貸すことは出来ませんが、タクシーの代わりに、私の車に乗せて送っていくことは出来ます。車に乗りませんか？〟と問いかけると、〝いや、お金を貸してほしいんです。私は、生活保護を受けていて、お金が必要なのです。お金は必ず返しますから……〟と言いながら、身分証明のつもりか、運転免許証を見せてきたのだった。もう、この時点で「母親の入院」も「お金を返す」も嘘だろうと思ったが、本人の運転免許証に間違いはなかった。しかも、五〇〇〇円とか一万円ではなく、何となく良心的とも思える三〇〇〇円である。それで、ここで追い返せば体裁は「一件落着」となるが、彼氏の飛び込み風の「虚言＝借金」の行動に何の変化もないだろうし、またどこかで繰り返すだろうと思えたので、三〇〇〇円を貸す素振りで、免許証のコピーを取らせてもらい、あれこれと事情や生活の様子を聞いていった。

彼氏が言うには、〝父親は、このすぐ先のEというアパートに住んでいるが、自分は生活保護を受けながら、一人で石巻駅の近くのRに住んでいる。母親は、渡波におばあさんと二人で住んでいる。〟とのこと。それで、また私が〝仕事はしてないの？〟と尋ねると、〝前はしていたが、身体に障害があるので、今はしていない〟と言うのだった。私の〝障害って、骨折か何か？〟には、〝精神障害で、パニック障害です〟と応えてきたのだった。ここまでで、一〇分位話しただろうか。後は、市役所の保護課で事の真偽を確かめればいいだろうと思い、三〇〇〇円を貸してやった。この三〇〇〇円は、民生委員としての「勉強代」と思った次第である。市役所に行けば、生活保護者に対する市の姿勢が分かるし、仕事をせずに虚言で借金を重ねるであろう彼氏への関わり方が見えてくるだろう。もし、これがコロナ禍に関わるなら、喫緊の課題になる。勉強代三〇〇〇円の、有効活用を図るだけである。

《生き方考》その二四七
「公（おおやけ）の意識」の欠如

二〇二一・四・三

今日の朝日新聞・四面の下の方に、小さな囲み記事で「加藤長官、坂井副長官を注意」と書かれた記事が載った。同内容の記事は河北新報には、一切載っていなかった。（※つまり、共同通信社系の新聞には記事にならなかった。）

で、その記事内容とは、首相官邸で、坂井学官房副長官が菅義偉首相に近い自民党の当選四回以下の無派閥でつくる『ガネーシャの会』の会合を開いたことに、加藤勝信官房長官が注意したと言うものである。テレビでもトップニュースで報じられた記憶が無いので、些細な一事として扱われたものだったのだろう。私は、前日のニュース番組内で知り、〝えーっ〟と思ったが、すぐ他のニュースに変わったので、翌日の新聞記事に注目した次第だった。

私が〝えーっ〟と思ったのは、〝ついに、ここまでいい加減になったのか〟と、つくづく実感したからである。副官房長官と言えば、官房長官に続く内閣官房の要である。具体的な場面や事例に、絶えず有効な手立てを取ることが求められる立場であろう。当然、スピーディな実務対応能力に優れていなければ勤まらない役職と思える（関わったことが無いので想像するしかないのだが……）。しかも、「スピーディな実務対応能力」を発揮するには、それなりの理念を併せ持っていなければ、的確な対応・対処が取れず、その場しのぎの間に合わせの手しか取れなくなる。だから、次期内閣に続く大事な役回りのはずである。それだけに、副官房長官が、首相官邸で内閣の施策と無関係な有志の会を開いたことが信じられなかったのだった。

日本国憲法の十五条に、公務員の本質として「すべて公務員は、全体の奉仕者であって、一部の奉仕者ではない」と明記されている。これは、行政に携わる者は、全てこの条文に準じることが求められる。私の関わる民生児童委員や人権擁護委員、そして選挙で選ばれた議員の方々も「特別公務員」としてこれに準じている。ただ、「全体の奉仕者」の受け取り方が多分に恣意的になり、特に議員の方々は、なかんずく政権政党の議員諸氏は、「思想信条の自由」や「表現の自由」と混同して「全体の奉仕者」を恣にしてきたが、ここでは論じない。

私が主張したいのは、「私事（わたくしのこと）」と「公事（おおやけのこと）」の区別を、身を律して立て分けがつけられないことである。首相官邸は、「公（おおやけ）の場」である。つまり、日本国憲法や諸法規に基づき「行政の推進を司る」場である。「国民＝公（おおやけ）に必要」と決断すれば、「一〇〇〇万人と謂えども我行かん」の行動があるかもしれない。その行為の可否は、選挙で判断するしかない。それだけに、国民の税金で職を立てている公務員（特別公務員）は「公（おおやけ）」に対する身を律した意識・思考が求められる。それが政権中枢でも喪失した姿を露呈したのだった。

《生き方考》その二四八
福島原発事故・汚染水の始末

二〇二一・四・一一

二〇一一年三月一一日に起こった東日本大震災の津波で、福島第一原発の1・3・4号機が水素爆発を起こした。近隣の市町村では、国からの避難指示で、全ての住民が追い出されるように移動させられた。

それから一〇年。現在も避難困難地区があるだけでなく、原発事故による汚染水が日々タンクに入れられ、敷地内を埋め尽くしている。その汚染水のタンクも、あと二年弱で満水状態になるとか。その汚染水を、国は安全なレベルまで希釈して海洋に放出するという。

昨日の朝日新聞によると、「政府は一三日にも関係閣僚による会議を開く。放射性物質の濃度を、法令の基準より十分低くした処理水にしたうえで、海洋放出する基本方針を決定する見込み」とあった。新聞記事に出るほどだから、政府は、汚染水の海洋放出の腹を固めたのだろう。しかしながら、不可思議なのは、当事者である東京電力の意向・意志が全く門外漢の形で話がすんでいることだ。東京電力には、相変わらず当事者意識も当事者能力も皆無と言える状態なのだから当然とも思えるが、どうも東電は「のほほん」を決め込んでいるらしい。事故処理から補償問題まで処理機関・業者に丸投げして、延命と費用削減のみに東電社意が流れているのだからどうしようもない。

ともあれ、汚染水を一〇〇年、そして二〇〇年と溜め続けるわけにはいかない。そんなことは「処理＝貯蔵」へと動き出した時から分かっていたことである。野田内閣に続いた、安倍晋三内閣の無責任な先送り姿勢は、きつく断罪されてしかるべきだが、今は汚染水の処理が解決すべき喫緊の課題である。

思うに、「国内法令の基準だけでなく、ＩＡＥＡの国際基準よりもはるかに低くなるまで希釈して、安全性を確保して海洋に放流する」というのなら、その前に、安全性を証明するべく、東京電力の皆さんや国会議員の方々の生活用水として、半年位実証実験をしたらどうだろうか。「菅総理が、希釈した汚染水をパフォーマンスで一口飲む」なんてのよりはるかに説得力がある。希望するなら、東京電力の電気利用者にも広げたい。生活用水として半年も利用し続ければ、国内の漁業関係者は海洋放出に賛成してくれるだろう。

第二案は、「安全まで希釈した汚染水」をタンカーに積んで、黒潮・親潮の流れの外まで運び、太平洋の大海原に放出することである。当然、太平洋に面した国々から非難の嵐が来るだろうが、日本の科学の粋を尽くして、そして日本の政治の総力を上げて説明し続け、「納得と了解」を作り出していくことである。日本で起こった原発事故は、第一義に日本の責任である。日本の「政治と科学の真っ当な在り様」が、今真に、世界中から問われているのではないか。

二〇二一・四・一二

《生き方考》その二四九

「悶えてなりとも加勢せん」の生き方

中国の報道官が、日本政府の「福島原発事故での汚染水」海洋放出表明に対して、〝飲んでから、言え！〟とのコメントを出した。夜のニュースでの一断面でしかなかったので前後の脈絡は一切不明だったが、この言葉に思わず笑ってしまった。日本政府が取り続ける「その場凌ぎの延命策」が見透かされて、鼻から馬鹿にされてしまったからである。また、今朝のＮＨＫニュースでは、村井嘉浩宮城県知事が〝水産業界への風評被害は、福島よりも宮城の方がはるかに大きい。風評被害への補償は……〟と、「宮城ファースト」を喧伝していた。河北新聞でも、村井知事が東京電力社長に「『福島ファースト』ではなく、同じ対応をお願いしたい」と念押ししたと書かれてあった。この村井嘉浩知事の言動は、一見「宮城県民のことを思って」のように見えるが、私には、「宮城ファースト」を標榜している体裁を取っているが、何のことはない知事としての地位保全や自己存在のアピールに走っているだけの「自分ファースト」を表明しているようにしか感じられないのだった。

私は、「自分のためがみんなのためであり、みんなのためが自分のためになる」生き方を、ずっと模索してきた。これは、死ぬまで変わらない自分流の生き方だと思っている。ただ、その時、相手を思い、相手と同調・同感し、そうして自分の出来ることを探し続けてきた。それは、「弱い者の立場」であったり、「弾かれ・外される者の立場」であったり、「下積みながらも、精一杯生き続けようとしている者の立場」と共立することでもあった。

トランプ元米大統領の「アメリカ・ファースト」の語に端を発したのだったろうか。「東京ファースト」「アスリートファースト」等と「〇〇ファースト」という言葉が、瞬く間に共通語化していったが、その裏側には、「自分中心」や「自己充足」を第一義にする思考が見え隠れしているのだった。

「自己中心」や「自己充足」の思考が悪いのではない。そういった思考を取ることで、相手のみならず、そのことに関わる多くの人の苦しみや痛み、辛さややるせなさ等々を共感しなくなることが認めがたいのである。特に、村井知事は、東日本大震災での対応で、仮設住宅・復興住宅の有り様、津波堤防の有り様、大川小学校の対応等で、被災者や当事者、関係者との「納得・了解」に意を尽くしたとは思えない姿を取り続けた。彼氏流の「宮城ファースト」は、もうやめてほしい。

是非、「悶えてなりとも加勢せん」（石牟礼道子）を、東日本大震災を潜り抜けてきた人たちや生き抜いてきた人たちと共有していきたいものである。これは、「沖縄問題」も同質・同様であろう。

《生き方考》その二五〇

『ふくしま原発作業員日誌』が訴える日本の課題

二〇二一・四・二三

二か月かかって、ようやく『ふくしま原発作業員日誌　イチエフの真実、9年間の記録』（片山夏子著　朝日新聞出版刊）を読み終えた。単行本一冊を読むのに何故二ヶ月もかかったのかというと、四五〇頁という厚さもあったが、何よりも作業員からの聞き書きを淡々とまとめていったにも関わらず、その話の意味することが、私に大変な課題を突き付けてくるものであった。それで、一事読んでは考え、また読んでは考えを続けたため、なかなか先へと読み進まないのだった。途中で思考停止をして、投げ出せば済んだのかもしれないが、同じ東北人として、また同じ東日本大震災に巻き込まれた者として、そしてまた同様の原発を身近に抱える者として、無視することは出来ないのだった。

で、思考を巡らしたその一つは、「日本の産業構造」の問題である。別言すれば、「大手ゼネコン→元請け→一次下請け→二次下請け→三次下請け→……」という、生産の仕組みや流通機構に潜む階層・格差・序列の在り方である。原材料から製品の流通販売までの間に、様々の介在者が存在する産業構造は、上位・中位・下位の階層を作り、上位ほど常に有利な地位を占め、且つ上位ほど利潤を占有していく。逆に、下位は常に薄利に甘んじ、時には無慈悲に切り捨てられていく。イチエフで働く「孫請け」や「玄孫請け」の作業員の皆さんの労働環境・労働条件等は、原発事故以前も、事故発生時も、そして事故処理中の現在も、固着化した産業構造の中で、相変わらず何も変わっていないのだった。

その二つは、「放射線による人体への影響」への、国や関係機関による解析・解明姿勢の本気度が、まるでいい加減なことである。三〇年以上昔のこと。女川原発の放射線量調査員が、持参する低線量のウラン入り小箱を、近くにいた中学生の悪戯で草木の斜面に投げられたことがあった。するとその調査員は、生徒の在籍する中学校に〝全校で、捜せ！〟と怒鳴り込んで行った。対応に出た教頭さんが〝放射線を出すものを……〟としり込みすると、その調査員は〝大丈夫だ！。俺はいつでも手でつかんでるから……〟と言って、全校での捜索を促したのだった。

また、二〇年ほど前には、東海村の『JCO（核燃料加工施設）』で作業員がそばにあったバケツの中で放射性物質を攪拌し、臨界事故を起こして被ばくしたことがあった。その作業員は、バケツ内で攪拌することの危険性や重大性、つまり「臨界」を全く知らなかったのである。

一〇年前に起こった福島原発事故では、イチエフの作業員が、被ばく線量を無視するように決死で作業に当たったことを、国や関係機関がどれほど認識し把握していたのか。そして、今もなおイチエフで働く作業員の被ばくに、どれだけ医学的検証・ケアを進めているのか。今後何十年と続くであろうイチエフ作業員への疫学的検証とケアの保障体制は、まるで貧弱と言うしかない。

その三つは、「原発」に対する国の原子力行政と東京電力の姿勢である。今後、現存原発がもたらす事故は、全て「人災」によって引き起こされるのが必定である。嘗て、女川原発の再検証で九百個所以上もの配管ミスが露わになったことがあったが、その一事は全国の既存原発が「施工から稼働、そして防災・防犯まで含め、〝科学的知見と先端技術の粋の結晶〟というよりも、【資本の論理】（利益第一・利潤の多寡による判断）で施工が進められてきた」ことの証左であった。

何故、NASAのロケット開発のように、科学者の総力・技術者の総力を上げて、細部にわたるまで逐一点検チェックし、技術の粋・科学の粋の結晶として追求・実現しようとしないのだろうか。それは当然、不具合時や事故発生時の対応・対処法も同時並行的に追究されて然るべきものである。日本での原発事故時のように、汚染水をモップでかき集めたり、雑巾で吸い取る作業等の対応レベルでは、永久に不可能事である。

それ故、福島原発事故の処理作業が、作業に当たる一人ひとりに、科学・技術の粋を結集しての安全に対する知見が共有されるのでない限り、一切の現存原発は、即時停止し廃棄する以外に無い。人知の及ばぬことが結果したならいざ知らず、「人災」による原発事故は、永久に有ってはならないからである。この地上に生を受ける者の「仁義」と言うしかない。

私は、『鉄腕アトム』を愛読書にした世代である。だから、科学に対する希望と信頼は、持ち続けたいと思っている。でも、私の疑問・疑惑の思考は膨らむばかりであり、何一つ先の見えないことだらけである。

そうして、考え続けてようやく気が付いたことは、〝新しい時代は、若い頭脳の方々が、そして柔軟な頭脳の方々が、そして何よりも自立の中にも多様と共生を志向する頭脳の方々が切り開いていく〟ということだった。

コロナ禍の今こそ、若い方々に「新しい時代」を託す以外に無いようである。

II

身体の動きと感覚・情緒

「日本人の身体行動＝ナンバ」　その一

不惑の四〇歳から【教師修業】のため、和泉流狂言師・石田幸雄師から狂言を習い始めたが、習う程に「日本人の身体行動＝ナンバ」が私の勉強課題になっていった。しかしながら、勉強課題にはなったものの、三〇年以上経った今も、私論としてまとめるまでには至っていない。わが身の歩みの遅さ（理解力・構成力・整理統合力の無さ）に唯々呆れる他ないが、私にとっては生涯を掛けるに足る十分な勉強課題であり、「生き方考」になっている。

それで、「日本人の身体行動＝ナンバ」に関して時々に思ってきたことを、ここに抜き出しておきたい。

○「狂言」での身体の動きからの課題

1988.12.18

学校での行進の指導をしていると、必ず一人か二人、手と足を一緒に動かしている（右手と右足を同時に動かしている――いわゆるナンバになっている）子がいる。また、我々大人でも、緊張すると何かの拍子に手と足が一緒になってしまう。同じように、歌を指導していると、必ず皆とは違う調子で平然と歌っている（いわゆる音痴でいる）子に出くわす。

これらのことは、武智鉄二氏によれば、「日本民族が農耕民族であったことを示す歴然とした証拠であって、決して恥じるべきことではない。むしろ恥ずべきは、農耕民族としての〝伝統の血〟を忘れ、欧化することが優れたことだと思ってしまうことだ」と言う。そして、日本の近代化・明治期からの学校教育とは「農耕民族としての〝伝統の血〟を否定し、ヨーロッパ人に、即ち騎馬民族の血に改造することだった」と説く。

武智鉄二氏の説に従って日々の学校教育の世界を見ると、思い当たることが山ほどあるのに気づく。私の関わる学校現場では、「農耕民族」と「騎馬民族」との動きやリズムの違いが全く無自覚に混然と扱われている。

また、そう考えると、斎藤喜博さんの「吸い上げのリズム」や梶山正人さんの「攻めて——引いてのリズム」「出だしのアタック」「フレーズの終わりの飛びつき」等々は、「騎馬民族」のリズムの具体的学びとも言える。

梶山正人さんの歌唱指導が、「騎馬民族」のリズムの典型であり結晶である【ベルカント唱法】を十分に目標に置いたもの（ベルカントそのものではない）であることを思うと納得がいく。

再びそう考えると、四〇歳の不惑を過ぎた私の身体が、学校教育によって確実に欧化されていることに驚く。小舞謡の『風車』の謡でも、石田先生から何度も注意されたが、各部分々々の出だしを唐突にあるいは力んでいきなり入ってしまう。石田先生からは、〝前の部分を受けて……〟、〝普段の声で……〟、〝下から這い上がるように……〟と言われても、気を抜くとついアタックをかけてしまう。それでてベルカントになり切れてないから、力んでしまう。

舞にしても同じだ。『柳の下』『花の袖』『宇治の晒』と舞を習ってきても、また『しびり』で動きをやってきても、やっぱり『七つ子』の舞では、依然として右に行く時は右足が先に動いてしまい、左に行く時は左足が先に動いてしまう。上半身や腕にしてもそうだ。意識していないとすぐに身体が脱力してしまう。

足の動きにしても、上半身の脱力にしても、これは直接的には中学・高校・大学と一〇年間ほどやってきたバドミントンの性（大きくは、近代学校教育の性）だと思う。重心を浮かせた形で、二歩で出るフットワークや三歩で出るフットワークを一〇年もやったのだから、無意識のうちに行く方向の足が出てしまうし、シャトルを打つのに「上半身（腕）を出来るだけ楽にして（脱力して）おいて、シャトルを打つ瞬間にのみ全身（全力）を集中する。そして、打ったら素早く脱力して次の変化への対応の準備をする」を一〇年も休まずにやったのだから、当然のような気がする。

私ら義務教育での教師は、学校でオペラ歌手やバレリーナを育てるのが仕事ではない。と同時に、国粋化して能楽師や歌舞伎役者を育てるのも仕事ではない。何になるかは、子どもたち自身が決めることである。でも、子どもがオペラ歌手や歌舞伎役者を志した時、それぞれの道へ進めるための身体（当然、脳ミソや心も）の耕しはしておかねばならない。

私ら教師が、仕事の中身を具体的に考えていく時、武智鉄二氏の説は、大きな示唆を与えてくれる。でも、一体、ナンバとベルカントが同居する身体行動（表現活動）って、何をすることなのか。あるいは、どうすることなのか。

遠山啓さんの「原数学」、野口三千三さんの「原初生命体」の発想で、改めて子どもたちの身体行動（身体表現活動）を、一から考えて直してみる必要がある。

○「自然体」「基本体」のこと

1989.3.4

昨年の夏に、平泉・中尊寺の能舞台で狂言の稽古をした時があった。その時、東京・文化学院卒業の姉弟子とも言うべき若い女性陣が舞を舞った。私は、その姿を舞台から離れた隣の小さな社の階段に腰掛けて見ていたが、彼女らの肘を張った両腕が妙に目についてしょうがなかった。着物姿ではなく、トレーナー姿だったために、身体よりも前に張った両腕が奇妙に見えたのかもしれない。

私は、梶山正人さんが子どもたちに教えていた姿勢を、歌を歌ったり表現したりする時の「自然体」だと思ってきた。それは、重心を高く保ちながらも、地面のエネルギー——を吸い取れるよう両足をしっかりとついて腰を安定させる。そして膝や胸、肩、頸、腕等の無用の緊張を解いて柔らかく脱力し、咄嗟に前後左右に動けるような姿が「自然体」だと思っていた。

※この姿が「西洋のリズム」で表現する時の「基本体」になる。

しかしながら、私がその姿勢を取ろうとすると、脱力が身体の緊張・集中を無くし、いつの間にか意識までもなくして、私固有の「自然体」になってしまうのだった。背中が丸まり、その分腹を突き出して上体の背骨が逆S字型になって腰の上に乗るのだった。これが正座をすると、今度は背中が湾曲してどっしりと落ち込む姿勢になるのだった。

私のこの姿勢は、本来の「自然体」と言うものでは決してなく、緊張や集中が抜け、意識が抜けることによって、「自然に」生い立ちの中での歪みや、生活の中での歪みが表に出て来るというものであった。

石田先生は、狂言での「基本体」を次のように言うのだった。

「両足を揃えて立った時、軽く両足を広げて膝を曲げ気味に腰を落とす。そして、少し前屈みで胸を張る。両腕は、やや脇を広げて肘を張り、拳を身体幅位にして前に出す。」

これは、着物を着て袴を穿いた時、落ち着いてどうにでも動ける姿なのだと言う。両腕の脇を広げることが、スポーツの世界に馴染んだ私には、何となく違和感を感じた（スポーツでは、「脇を絞める」のは基本なのだが……）が、六〇〇年以上続いた伝統の世界では当然な姿なのだろう。今後の私の、体験・体得課題である。

○「偏平足」のこと

1989.4.10

今から一一年ほど前のこと、私が宮城教育大学附属小学校に勤務していた時のことである。プロ野球巨人軍の王貞治選手が一本足打法でホームランの世界記録を達成したことがあった。その時、マスコミは大騒ぎをし、とりわけスポーツ紙は連日大特集を組んだ。で、その中の一つ報知新聞に、王選手の実物大の足型（左足）が載っていた。完全な逆L字型（鈎型）で「土踏まず」が完璧なまでに入手したコピー（※併設の授業分析センターから新聞をコピーしたものを頂いた）から消えていた。

今朝、洗濯をしながらテレビ番組『関口宏のサンデーモーニング』を観ていたら、チャップリンとヒトラーの特集をやっていた。その特集でのヒトラーの部分で、ドイツ民族（ゲルマン民族）の優秀性を示す証拠として、ゲルマン民族とアフリカの黒人（だったと思う？）の足型の比較をした書物が映し出された。内容の解説は一切なかった（聞き漏らしたのかも？）し、書物自体がドイツ語で書かれていたし、何よりも一瞬の映像だったので記憶があやふやなのだが、映された書物の写真から、あれは確かに「土踏まず」の有無を示すものだった。つまり、未開の黒人には「土踏まず」が形成されず「偏平足」のままで、優秀な我がドイツ・ゲルマン民族には皆

「土踏まず」が形成されていると。

小舞謡の『七つ子』の舞を習っていて、石田先生から〝足を打つのは、つま先でなく、足の裏全体で。どちらかと言えば、踵の方で打ってください。〟と言われた。私が、何の気なしにつま先で足拍子を打っていたことへの指摘だった。それで、言われた通り踵で打ったら、打ち方が悪かったのか脳天までドーンと響いてしまった。

武智鉄二さんのナンバ論によれば、日本民族は農耕民族故に皆一様に「偏平足」であるとのこと。その説に従えば、当然の如く狂言での動きや舞も偏平足流になるということなのだが……。「土踏まず」と「偏平足」の問題は、西洋文化（非ナンバの動き・リズム）と日本文化（ナンバの動き・リズム）の文化論の違いに帰着しそうである。今後の大きな勉強課題である。

※江戸時代の横綱・谷風の足型を入手したら、「土踏まず」の部分が窪んでいた。ただ、王選手の足型では、親指の付け根部分と小指の付け根部分がベターッと平らだったのに、谷風の足型では、人差し指の付け根の方まで窪んでいるのだった。これは、靴生活と草履（素足）生活の違いによるのではないだろうか。

○「すり足」のこと

1992.5.25

五回目の狂言発表会『遊兎の会』も心楽しく終わり、帰りの新幹線の中は、誰もが満足で一杯。一言の口も利かず、すぐ眠りに入ってしまった。

で、私はぼんやりと『遊兎の会』を振り返っていたのだが、ふっと女性陣の足の運び「すり足」が頭に浮かんできた。私には、まだ良否云々と言えるだけの技量は無いが、妙にスケートの足の運びの様に見えて、印象深かったのだった。

そういえば、前回四月の稽古の時、石田先生から〝足の先が上がってしまいますよ（親指が上に反り返るの意）〟と、足の運びで注意を受けていたのだった。〝床から足を離さないで、むしろ（への字の如く）足の指を逆に反らせる位で歩いた方がいいんです〟とも言われ、「そうだった、そうだった。」と反芻したのだったが……。

ずっと以前に、万作先生から〝美しいすり足なんて芸はありませんよ〟との話を聞いたことがあったが、ついつい足の運びにまで神経を通わせることを怠っていたのだった。それで、『遊兎の会』までの間、何度かアパートの板の間（フローリング）で小舞謡『大原木』の「大原木召され候らへ」の前へ出ていく所や道行の部分での足の運びを練習したが、当然の如く上手くいかない。何度も繰り返すうちに、上手くいかない原因の最大のもの（原因は幾つも思い当たったが）

は、腰の安定にあると思えてきた。つまり、武智鉄二氏の用語を借りれば、腰（重心）を低くしているつもりでも、ナンバ流の腰にならず、非ナンバ流・西洋式の中腰になり、重心の不安定さから足がふらつき、それをカバーするために無意識裡に親指を立ててしまうのだった。

『定本・武智歌舞伎』の本を読むと、能のすり足と狂言のすり足では、足の運びが違うと書かれてある。それは「猿楽と田楽の違い」であり、「神への祭事と生産労働の祭事の違い」によるという。私にとっては、はるか遠くの身体課題ではあるが、狂言での「すり足」を確実に身に付けていかねばならない。

1992.8.12

○「手拍子と足拍子」のこと

狂言『柿山伏』での、百姓の動きでのことから「手拍子」と「足拍子」、というより身体（重心）と部分の動きが気になりだした。

空威張りのみが好きで、ちっとも分別の無い山伏が、百姓にさんざん嬲られ（馬鹿にされ、騙され、煽てられ、威され等々）て、遂には鳶になった気で木の枝から飛んでみるが……。その時、山伏を煽り立ててその気にさせていくのが、百姓の「とぼうぞよ　とびそうな」の囃し言葉であり、手拍子・足拍子である。

ところが、この手拍子・足拍子が意外に難しい。手（扇）を打つ時に、足を上げればいいだけのはずなのだが、まるで出来ない。一回目は、狙っているので何とか恰好がつくが、二回目・三回目とやっていく内に、メタメタになってしまう。

考えてみれば、この手拍子・足拍子の動きは、「逆ナンバ」の動きなのだろうと思う。つまり、重心を低く取って、右手に持った扇を上から振り降ろす度に、右足から交互にポンと跳ね上げる。「右手を上げれば、付随するように右足が上がり……」がナンバの形だとすれば、この「右手が下がると右足が上がる」が対になる動きは、まさに「逆ナンバ」ではないか。

普通に「手↓↑足」と動かすのならたいして困難はないのだが、重心を低く安定させ、右足の時は扇を左側に、左足の時は扇を右側で打つようにしたり、だんだんとテンポを上げ、山伏を煽りたてて行く……となってくると、途端に不安定になって、手足がバラバラになってくるのだった。つまり、腰が安定していないのである。

話はかわるが、現在勤めている中田町の上沼小学校では、秋の運動会（九月一四日）に向けて、四～六年生が地元の親に教えてもらいながら、南部神楽の『鳥舞い』を練習している。この『鳥舞い』は、岩手・花巻地方の『鹿踊り』と同じく大変に躍動的で、軽快な動き（踊り）である。しかしながら、教えてくれる保存会の人たちの動きを見ると、やっぱり「ナンバ」がベースになっている。コサックやスラブ民族特有の軽快さとはまるで違っている。やはり【日本人には、日本の動き】があるのだろう。そして、それは私の中にだって内在しているはず……と思うのだが。

「とぼうぞよ　とびそうな」で、内在する自分に挑戦である。

○『アジア大会』のことから

1994.10.8

今、広島で『アジア大会』が開かれている。町内教頭会での飲み会があって、開会式の様子をテレビで観ないでしまったが、私自身、ひそかにこの開会式に関心を持っていた。尤も、開会式というより、開会式の中の儀式の一つである『君が代』を、林康子が歌うという唯一点についてであったのだが。

林康子という人については、一九七〇年代にミラノスカラ座で認められ、デビューした唯一の日本人プリマということぐらいしか知らないが、「願掛けオペラツアー」の頃、月刊誌『音楽の友』誌上で〝日本語は、あまり喋りたくないの。声が重くなるんですもの……〟と言っていたのを読んで、ずっと心に残り続けていた人だった。

その林康子が日本語の歌を、しかも『君が代』を歌うというので、私の関心事になっていた。でも、後からのダイジェスト版やハイライト版を観ても、翌日の新聞を見ても一片の報道もされていない。ニュースソースにもならない歌声だったというのだろうが、〝よかったねぇ〟だけの歌声だったのか、あるいは全くの式次第上の順番で歌ったというだけの歌声だったのか。ともあれ、飲み会の誘惑に負けて、林康子の『君が代』を聴き逃してしまった。
で、「何故、林康子の歌う『君が代』に関心があったのか」ということだが、これは私の勉強課題「日本人の身体行動（日本人の声・日本人の動き・日本人のリズム）」に結び付く。つまり、ベルカントによる西洋流の歌声・リズムを身に付けた（身に付いてしまった）スカラ座のプリマ・林康子（確か、夫はイタリア人の指揮者で、ローマで一緒に生活している）が、七五調の和歌を本歌とし、雅楽の旋律（日本音階）を基調にした『君が代』をどのように歌うのかが非常に興味があったのだった。

今、各地の縄文遺跡が次々と発掘され、〝山河を駆け巡っての狩猟採集の生活〟程度にしか知られていなかった縄文時代が、日一日と明らかにされている。黒曜石やタールの交易、五〇〇人以上の集落・部族、ヒエによる農業等々、四〇〇〇〜五〇〇〇年前の縄文文化が東北の地を中心に花開いていたことを思うと、武智説の「ナンバの起源＝弥生時代」を再考しなければならないのかもしれないが、「ナンバ」は「日本人の身体行動（日本人の声・日本人の動き・日本人のリズム）」を追究する上での、大きな手掛かりであることに間違いない。林康子の『君が代』が、まるで話題になっていないことを改めて考えてみたいと思っている。

○「日本人の声」再考

1995.4.28

日本語を喋り、歌い、表現するのにどんな発声法が良いのか。あるいは、どんな音になって表出されてくるのが、日本人らしい良い声なのか。これらの課題は、各人の文化意識、あるいは伝統観の違いによって様々に語られ、また多様に求められ、表されるに違いない。残念ながら、今の私には、諸説を論駁し説得するだけの教養と実践力は無い。「民族には、民族の歌声・発声がある」とは、嘗て読んだオペラの本に書いてあったが、今はただ武智鉄二氏の「ナンバ論」を手掛かりに、様々の具体例で肉付けをしていく段階である。

で、今回『日本古代歌謡の世界』（日本コロンビア・一万円）というCDを購入した。神楽歌を中心に国風歌舞、催馬楽、朗詠、今様といった宮中祭祀の歌や雅楽での歌声を録音したものである。

何故突然こんなCDを買う気になったかというと、昭和天皇が亡くなった（崩御と言うらしいが）時、「大葬の礼」ということで日本中が休みになり、その葬儀の模様をテレビ中継したことがあった。朝から皇居内の様子や、葬儀車が通る沿道の様子、葬儀場である新宿御苑の様子等を交互に映していたが、午前一一時頃であったろうか、新宿御苑の仮設祭壇に皇太子夫妻が焼香（※神式なので焼香とは言わないのだろうが、縁の無い世界なので適切な用語が分からない）に進み出た時に、バックに流れた歌声があった。大変に澄んだ声で、力みが無く、それででおおらか・のびやかで、と言った感じがしたので一瞬へえっと思ったら、数秒で聞こえなくなった。場面が変わったためなのか、歌声そのものがそこで終わったのか、あるいは私自身が葬儀に関心が無かったので出かけてしまったのか、記憶にないのだが、その数秒の歌声が妙に鮮烈に残ったのだった。その時の声がこのCDに収められていると新聞記事で読んだのが、購入の動機だった。

それで、CDを聴いての感想であるが、やはりこれが日本人の声の源流・典型であるかもしれないと痛感した次第。宮中という特殊状況の中で、一〇〇〇年もの間純粋培養のようにして受け継がれてきたということもあるが、狂言に出て来る節回しが随所に出てきたり、また別の時に聴いた平家琵琶の語り口調にも出て来る節回しが出てきていたりと、共通する部分がそちこちに歌声として出ている。しかも、狂言の謡や平家琵琶の語りのようにはまだ芸術化・技術化されていず、自然の発声・素直な発声で歌っている。一〇〇〇年という時代の長さからだけでは、短絡的に源流・典型などとは言えないのであり、もっと様々の考証や証拠を集めてのことになるのではあるが、「ナンバ論」に関わるまた一つの証拠・ルーツを見つけた気がしている。

○「日本人の起源」のこと

1997.5.10

先日、ごろごろしながらテレビを観ていたら、北海道・アイヌの人たちが新築した食堂に囲炉裏を作る儀式の様子を放映していた。アイヌの人たちは、囲炉裏には火の神様がいるのだからと、新しい土と枯れ葉を何層にも交互に敷き詰めて寝床を作っていた。そして、火の神様に入ってもらう祈りをするのに新しい柳の枝が必要と、柳の枝を切りに湖辺に行って、湖の神・柳の木の神に祈るのだった。私は、それらの祈りの儀式には大して関心が無かったが、その祈りの時に発せられた声に心ひかれた。「オ・オ・オ・オ・オ・オ・オー」という声はさほど抑揚が無く、単調なものだった。しかし、その声には大地からエネルギーを吸い取って（否、もらって）地上に自立する姿が内在していた。私は、その声を聴きながら、何処かで聴いたことのある声だなあと思っていた。で、ふと思ったのは、神社の神主さんが祝詞を上げる時に発する声に似ていることだった。

今、三内丸山遺跡の再現を節目に、縄文人（八〇〇〇年前～二〇〇〇年前）が脚光を浴びている。弥生人以前の縄文人については、研究が始まったばかりでまるで不明の事ばかりであるが、縄文哲学を自認する梅原猛氏の説によれば、縄文人とアイヌ人は深く関わっているという。神道は国威発揚のために二度ほど国家神道に変節（一度目は大和期の記紀であり、二度目は明治期からの天皇神格化）したが、本来の神道は、自然に依拠した誰でもが行き来する「あの世とこの世」観に立脚したものであり、アイヌの人々がまさにそうであるという。そしてそれは神様観だけでなく、神道に関わる様々な物の源流になっていると云う。例えば、アイヌの人々が祈りに使うイナウといった柳の枝を削って鳥の羽を逆立てたような枝は、御幣束（お祓いに使う菱形状の紙の束）や玉串の原型であり、神社の鳥居は、山梨の御柱祭や富山の柱状遺跡、秋田の環状列石、カナダのトーテムポールと、「あの世とこの世の架け橋」観で見事に繋がる等々。

縄文人がアイヌ人と深く関わっていることは、東北各地にアイヌ語の地名が残っていることでもよく分かる（気仙沼のケセモイ　石巻のヒタカミ等）。しかしながら、ナンバを和人の特徴とするなら、アイヌ人は和人ではない。前述儀式に映っていた手拍子は、押し付ける形のナンバでも、弾く形での非ナンバの西洋式でもなかったのである。手は上下に叩き合わせながらも、波の上を波に合わせて漂うような動き（リズム―身体行動）だったのである。

2000.5.3

○「日本人の身体行動＝ナンバ」の内実

ひょんなことから、三月一四日（火）の夜、東仙台にある宮城県青年文化会館で、古武術の探究者である甲野善紀さんが主宰する松聲館の稽古を見に行った。過日、〝稽古風景を見せて頂きたい……〟と申し込んだ時には、東京・多摩市まで出掛けていく覚悟でいたのだが、甲野さんの方から〝東京までわざわざ来なくとも、仙台でも稽古をしているので、それを見にきたらどうですか？〟と教えられて、仙台での稽古時にお邪魔することにしたのだった。

この日、私らが稽古場に言った時には、既に二〇人位のお弟子さんたちが銘々に、あるいは何人かでグループを組んで、それぞれに稽古を始めていた。「甲野先生は？」と見ると、それぞれの稽古の所に行っては、一言・二言アドバイス風に喋ったり動作をして見せたりしながら、そちこちに動き回っていた。と言っても、指導をして回ると言ったことではなく（教育の世界での「机間巡視」などでは決してなく）、自分の身体の動きを確かめながら（つまり、自分で「自主稽古」をしながら）、時折それぞれの稽古にヒントになるような声掛けをするのだった。だから、私らが挨拶をして稽古部屋の隅に座って見ていても、思い出したように側に寄って来ては一動作・二動作を演示してくれてはいなくなり、また暫くしては思い出したように、次の二動作・三動作を見せてくれるのだった。甲野先生の方からすれば、何処の誰とも分からない者が、突然稽古を見せてくれと言って来たのだから、多分、放って置く振りをして様子を見ていたのだろう。半ば頃から、〝やってみませんか？〟と声を掛けてきた。見るだけよりも、身体で直接感じた方がもっとよく分かるはず……ということであった。でも、私らからすれば、甲野先生の動き一つ一つを見ただけで、既にカルチャーショックを受けているのに、動かぬ身体を晒したら、ますます混乱するばかりとしり込みしていたら、若いOさんの旦那が敢然と出て行ったのだった。

ともあれ、甲野先生から「これがナンバによる身体の動きなのか」という姿を次々と見せられ、私が勝手に思っていた〝ナンバの動きは、動作が遅くなり……〟の思い込みを、「同時多方向異速度運動」という動きで、完全に否定して見せてくれたのだった。正座したまま身体を動かすことなく瞬時に立ち上がったり、狂言での茸の動きをするするとやって見せたり、木刀での逃げと攻めを同時に行ったりと、身体各部が同時にそれぞれの目的を持って動くことを実演して見せてくれたのだった。

甲野先生著の『武術と新人間学』（ＰＨＰ研究所刊）を読むと、早駆けに関して「高崎から大阪まで（六百km）を三日で駆けた」とか、「江戸と仙台間（三百数十km）を明け六つに出て暮れ六つには到着した」と書かれているが、甲野先生の動きを見て、昔の達人には可能だったのではないかと思えてきたのだった。

2000.5.7

○「日本人の身体行動＝ナンバ」の情報収集

〝縄文人の身体行動は、どうなっていたのだろう？〟と思って、東北歴史博物館が主催した文化庁主任調査官・岡本道雄さんの特別講演『縄文時代の日本列島――縄文時代のクニグニ』を多賀城まで聞きに行ってきた。何故、岡本道雄さんの講演を聞く気になったのかと言うと、二つの理由があった。

まず、岡本道雄さんとは一面識もないが、NHKテレビの『ようこそ先輩』シリーズで、新潟の小学校の子どもたちに、遺跡の発掘の授業をしていた放映を観て、面白い人だとの印象が残っていた。それで、今回の講演を聞いてみる気になったのだった。

そしてまた、私ら仲間での本読み会『さろん・で・さるろん』の連中と青森・三内丸山に行き、縄文人のエネルギーや文化の豊かさに圧倒され、「東北人が、縄文時代を知らないとは、全く恥ずかしいこと！」との強烈な刷り込みをされたのだったが、この度、鳴瀬町の野蒜小学校に転勤したのを機に、青森・三内丸山に勝るとも劣らない奥松島・里浜貝塚を通して、縄文時代・縄文文化・縄文人等々を学び直してみようと思ったからだった。

で、岡本道雄さんの講演は、彼の人柄にもよるのだろうが、考古学の最先端の話故に、あまり脈絡のないものだった。というより、それだけ一万三・四〇〇〇年前から二五〇〇年前まで続く縄文時代・縄文文化の内実は、豊富で膨大であり、現在の考古学ではその数パーセントを垣間見ているだけなのだから、やむを得ないことである。それでも、想像力を大いに掻き立てられ、十分に楽しい講演だった。

一時間二〇分程の講演だったが、内容を紹介出来るほど勉強していないので、講演内容については省略したい。ただ、講演後に三〇分程質問コーナーがあったので、次の質問をした。〝私が思うには、縄文人は偏平足だったと思うのですが、足跡や足型の遺物は無いのですか。また、足はとても大事な身体部位ですが、履物はなかったのでしょうか?〟と。すると、岡本道雄さん曰く、〝縄文人が偏平足だったかどうかは、まだ分かりません。足形が遺物として出ていないし、土偶に子どもの足型をつけたものがありますが、子どもは大体偏平足ですからね。履物についても、まだ出ていません。多分、毛皮か何かで足をスポッと被せて、足首を紐で縛っていたんじゃないかとも思いますが……。私が捜し出してみます〟との返事だった。「縄文人→素足→偏平足→ナンバ歩き」とは、私の勝手な連想なのだが、そうだという証拠が無い代わりに、そうでもないという証拠もないレベルでの話であった。

2000.5.7

○「ナンバ」と草履・下駄歩行

東北歴史博物館に、「縄文時代の日本列島」特別展を見に行った折、常設展示の方も一緒に見てみた。常設展示の方は、東北・宮城県を中心にして、馬場壇遺跡や高森遺跡(※後年、石器の捏造が発覚し両遺跡とも消滅した)の旧石器時代から昭和の時代まで、時代々々のコーナーを作って関連物を展示しているのだった。その展示物の中で、江戸期の展示物に草履があったが、その草履を見て、驚いてしまった。何と、草履の中に、小判型をした草履と同大の薄板が芯として入っていたのである。この薄板は、何のために入っていたのだろう。草履を長持ちさせるためなのか。あるいは、履き心地を良くし、歩き易くするためなのか。あるいはまた、一種の見栄えや体裁、ファッションのためなのか。等々、草履に薄板の芯を入れるなんて、まるで理解出来ないことだった。その脇に、『日本はきもの博物館』蔵の芯入り草履の写真も展示されていたので、是非『日本はきもの博物館』なる所に行って、調べてみたいと思った次第である。ともあれ、草履に薄板の芯が入っているということは、下駄を履いて行動しているのと同じことである。つまり、芯入り草履では、足裏全体での歩行（狂言でのすり足歩行か、山伏歩行のようなもの）になるということであろう。

私は、高校や大学時代には、よく下駄を履いて暮らしていた。しかしながら、江戸時代での下駄歩行と、私ら時代の下駄歩行は、まるで違っていただろう。というのも、私の歩行は、すでにナンバによる歩行ではなく、身体の捩じりとその反動を利用した「右手―左足、左手―右足」を対にした歩行だったからである。更には、つま先で地面を蹴って移動する歩行（つま先＝足指の付け根で足裏が折れる歩行）だったからである。だから、下駄で歩く時は、下駄の裏を擦って、カランカランと音を立てて歩くのが常だった。下駄の音を立てない様に足裏と下駄を密着させて歩くと、非常に足が疲れるのだった。

甲野善紀さんの説によると、西洋的な非ナンバの動き（つまり現代人の動き）は、ブレーキとアクセルを一緒に踏んでいるようなもので、エネルギーの無駄遣いだという。そして、その無駄を無くす動きがナンバだという。狂言・石田先生の舞い姿が示す「切れ」の見事さは、ナンバの動きが作り出す姿なのだろう。

蛇足……池波正太郎の『仕掛人　藤枝梅安』に、「悲鳴をあげて、女は次の間へ走り込み、泳ぐように両手を付き出し、渡り廊下から母屋へ逃げて行った」という文があり、思わず笑ってしまった。江戸期の町人や女中衆は、走れなかった（走り方を知らなかった）からである。

2000.9.5

○　一本歯の高下駄と雪道歩行

この夏に、旅行で広島と岡山方面に行って来た。広島には三〇代の頃から一度行ってみたいと思い続けていたのが、ようやく念願が叶った次第である。また、今春に『東北歴史博物館』で草履を見た時、岡山・福山市にある『日本はきもの博物館』にも行ってみたいと思った。それが今回の旅行で、二つの見学地に行くことが出来たのだった。

で、その『日本はきもの博物館』で一本歯の高下駄を売っていたので、「これは、しめた！」と思い、四〇〇〇円を出して購入し、いそいそと家に持ち帰って来た。一本歯の高下駄を買うなんて、何と物好きな……と思われるかもしれないが、この三月に仙台・青年文化会館で甲野善紀さんの稽古ぶりを見て、「同時異速度多方向」の動き（つまりナンバの動き）を信じるようになったからである。そしてまた、その時の話題に、甲野さんの弟子が、「一本歯の高下駄を履いて、高尾山を上り下りした」というのを聞いたからだった。甲野さん曰く、〝一本歯の下駄は、二本歯の下駄に比べて不安定だけど、不安定なだけに一本歯の方が動き易いんですよ〟とのことだったので、是非実体験してみたいものと思っていたのだった。

旅行からの帰宅後、早速我が家の庭で、一本歯の高下駄を履いて歩いてみた。なるほど、不安定なだけに最初はフラついたが、すぐに歩き慣れて、数分後には普通に歩けるまでになった。ところが、この一本歯の高下駄歩行で、大変面白いことに気がついた。背筋を伸ばし、重心を高く保って歩こう（つまり、通常の「右手―左足、左手―右足」を対にした歩行）とすると、着地の時に、踵に衝撃が走るのだった。別の言い方をすると、踵でブレーキを掛ける歩き方なので、そのブレーキエネルギーが、踵に衝撃となって感じるのだった。反面、地面を摺るように（つまりすり足で）歩いたり、地面と垂直になるように着地して歩くと、衝撃は一切なく楽に歩けるのだった。

毎年、冬から春にかけて東京で大雪が降ると、必ず歩行中に滑って転び、骨折する人が何人も出る。これが私には理解出来なかった。雪が降ると、東北の私らは無意識のうちに重心を低くしてナンバ歩きをしていたのだが、東京の方々は、重心を高くした非ナンバの西洋流歩行のために、つま先で蹴りながら踵でブレーキをかけて歩くために、滑って足を取られ、転倒して骨折するのだろう。

また、『日本はきもの博物館』では、弥生時代の遺跡から見つかった「田下駄」が展示されていた。「田下駄」とは、ぬかるみの水田で農作業をする（田植えや除草、収穫等）には、足を取られて動きに不自由を起こしてしまう。それで、足が深みに入らぬよう板で下駄状にしたもの（雪国の「かんじき」と同様の役割）を履いたらしい。それを「田下駄」と言ったが、その「田下駄」の名前に「ナンバ」と書かれてあった。つまり、その「田下駄」を昔から「ナンバ（なんば?）」と呼んでいたということだった。武智鉄二氏の本には、「ナンバ」の語源を「南蛮船」や「難波」等を上げているが、それよりはるか昔から「田下駄」をナンバと言っていたことには言及していない。

語源の探査は好事家に任せればいいが、「ナンバ」の身体動作は、ずっと遡って考えることが必要と思える。

2000.9.29

○ オリンピック二題

シドニーオリンピックが開催中である。この中で、女子柔道のヤワラちゃんこと田村亮子が、三度目の正直として金メダルに輝いたのは、日本中を祝福の渦で満たしてくれた。彼女自身が精進に精進を重ね、〝今度こそは、今度こそは……〟と努力し続けてきたことは素晴らしいことだし、周知の認めるところである。しかしながら、彼女の金メダル獲得に関わってコメントしていた「日本男子監督　東海大学教授　朝日新聞社嘱託」という肩書を持つ山下泰裕氏の言が戴けない。曰く、〝正直言って、田村の力はバルセロナよりアトランタより、技の切れもスピードも、パワーも落ちていた〟と。そういえば、前日のＮＨＫでは、〝柔道の選手生命は短いんです。（技の切れ・スピード・パワーの）充実した時に金メダルを取らないと……〟とも言っていた。言外には「田村亮子は質・量ともに落ちてきた今の時期を、よく精神力でカバーして云々」と言いたかったに違いない。しかしながら、この元柔道世界チャンピオンの、そしてまた運動生理学等で教授になっている人の言をほとんど了解するわけにはいかない。甲野善紀さんの言葉によれば、〝三〇代よりも四〇代の方が、はるかに身体の自由が利く（当然、スピード・パワー・技の切れが一段と向上したということ）ようになった〟とのことだし、〝四〇代の時よりも五〇代に入った今の方が更に良い〟とのことである。だとすれば、田村亮子の《柔術としての修行の世界》は、まだまだこれからであろうし、本人がその気になれば、更に技術の高い心身の鍛錬が可能ということであろう。そのことが、筋力パワーに頼り切った柔道をしている山下泰裕氏には、まるで見えない（知らない）世界だったようである。

話は変わるが、九月二一日の朝のテレビニュース（東日本放送）だったと思う。〝インドでの、もう一つのオリンピック〟ということで、竹の先に結んだ火の輪（直径１ｍ位）を走って行って飛び跳ね、くぐり抜けるという競技を映し出していた。その映像の場所は、地面が土のままで村の広場のような所だった。村人である観客が周りを取り囲み、村の若者である試技者が、走って行ってジャンプし、火の輪をくぐり抜けるのだが、その輪の高さは6ｍほどだという。なるほど、見た感じでも家の屋根の高さ位はあった。で、その火の輪を、いかにもインド的な痩せてひょろひょろとした腰布だけの若者が走って行って飛び跳ね、くぐったのだから驚いた。まさに甲野さんの言う〝昔の達人は、一瞬にして屋根まで飛び跳ねた〟という世界である。屋根まで飛び跳ねるということが、現実にあるのだということと、ナンバの世界だけでなくヨガの世界にもあるのだと知った二重の驚きだった。

※　先日、本屋の棚に『神技三船十段』を見つけて購入したが、その映像（一九五五年撮影―七三歳時）には、壮健な若者をいとも軽々と投げ続ける三船十段の姿があった。「十段」の称号は、決して名誉称号ではなく、六〇、七〇と齢を重ねる中で、技の切れを身に付けていった実力の段位だったのである。

○「身体行動としてのナンバ」と「文化としてのナンバ」

2003.1.5

元日の夜のテレビ番組に『かぶいて歌舞伎四〇〇年・よみがえる古代、中世の芸能』（ＮＨＫ教育テレビ）というのがあり、野村万之丞（耕介）さんの出演が記されていたので、何となく前半部を見てしまった。舞楽から、散楽・猿楽・田楽との流れの中で能・狂言が発生し、それが阿国歌舞伎に引き継がれていく時代背景を万之丞さんがトピック風に話していたので、それなりに面白かった。しかしながら、万之丞さんの語り口調や雰囲気が、したり顔というか横柄且つ断定的で、どうも私には馴染まないなあと思いながら見ていたのだった。

案の定、進行役のアナウンサーからナンバの動きに対して、〃どうしてこんな動きになるんですか？〃と尋ねられた時、〃日本は農耕民族で、狩猟民族とは違って……〃と、滔々としゃべりだしたのだった。ナンバの動きが農耕民族に由来するとしたのは武智鉄二氏だったし、それはそれで卓越した説であったが、それはまだ縄文文化に内在した諸相の研究が「未開レベル」だった頃の説なのである。つまり、縄文人は狩猟採集による移動の生活をし、弥生人が稲作をもたらして定住化が起こったというレベルでの説である。南方系の沖縄縄文人と北方系の縄文人（アイヌ民族）が、同じ身体行動を共有していたり、北方系縄文人と南米チリのマヤ文明をおこした民族が同じＤＮＡを持つモンゴロイド同士だったり、縄文時代に既に稲作や飼育栽培活動が始まっていたり、縄文人と弥生人が日本国内で共存していたこと等々、一切知らずにいた中での武智説であった。ナンバと言う用語にしてもそうである。南蛮人や滑車、あるいは佐渡金山の鉱夫、はたまた難波の地名まで上げて説明しているが、福山市の『はきもの博物館』に展示されている弥生時代の田下駄の名称が「ナンバ」ということを武智鉄二氏は知らなかったようである。第一、猿類の中にはギャロップ風にして横移動する猿がいたり、ゴリラやチンパンジーの歩行がナンバ歩き（※常時ではない）になったり、人間の赤ちゃんが伝い歩きから二足歩行に移行する時、必ずナンバ歩きの時期があることを見落としている。つまり、〝日本人は、農耕民族だからナンバになった〟のではない。

思うに、縄文の時代やそれ以前の先史時代からあったナンバの身体行動や文化が、日本での稲作を中心にした農耕生活に適していたから、ナンバが日本の生活・習慣・文化に一層深く根を下ろしていったと思われる。だとすると、万之丞さんが主宰する田楽舞踊団は、本質的に間違っている。田楽舞のどの人も、若者らしく軽快で華麗な動きをしていたが、ナンバではなく、足を払えばすぐステンと転ぶような身体行動だったからである。もしかすると、田楽のルーツは、中国雑技団のような曲技が朝鮮半島経由で渡来したのかもしれない。それならばナンバでなくてもいいのだろうが、田楽が土着の動きから昇華して行ったものなら、十年前に中田町の上沼小学校で見た鳥舞（※神楽舞の一種）の師匠の動きがナンバであったこととと矛盾する。

○「ナンバ歩き」談義

2004.2.23

一月の狂言の稽古が終わって帰る間際に、石田先生から面白い話を聞かされた。それは、野村萬斎さんの息子さん（三歳？）が、狂言『靭猿』での子猿役を稽古中に、四足歩行をするのに「右手―右足」のナンバ歩行をしていたというのである。

狂言の世界では、「猿に始まり、狐に終わる」と言われるように、狂言の稽古での一番始めは『靭猿』での子猿役から始まる。子猿になって「キャーキャー」と鳴いたり、謡の拍子に合わせて簡単な舞を舞う。そして、手足を掻いたり、でんぐり返しをしたり、場所を移動したり……と、子どもなりに考えて子猿の真似をするのであるが、猿曳きに連れられて移動する時に、四足歩行になるのだった。この四足歩行がナンバだったというのである。

考えてみれば、立ち上がって拍子を踏む動作や、腰を下ろして月を見上げる動作などは、すべてナンバでの動きなのだから、子猿の四足歩行も当然「右手―右足」のナンバ歩行になってもおかしくない。でも、石田先生は次のようにも言ったのだった。〝昔は、四つ足で動く時にもナンバで動いたのですが、最近は「右手―左足」と交叉した形で交互に動いていますね。〟と言って、実演して見せてくれたのである。

私自身、家に帰って歩いてみたら、「右手―左足」の形で交叉して交互に動かしていた（微妙に時間的にズレるのであるが）ので、「その方が自然なのだろう……」位にしか思っていなかったが、二月一八日の朝日新聞一面に、発掘出土した絵馬の図と写真が載っていたのを見てびっくりした。何と、絵馬に描かれた馬はナンバだったたである。この絵馬は、飛鳥・奈良時代に栄えた大阪・難波宮跡を発掘していて出土したものである。新聞報道では、この時代の絵馬が出土するのは珍しいことだが、一度に二六点もの絵馬が出土したのは極めて稀なこととして扱っていた（※担当の文化財センターも、同様の認識なのだろう）が、私の関心事は、「当時の馬は、ナンバ歩行をしていた」ということである。

ずっと以前に、木下順二氏か武智鉄二氏だったたかの本に、「馬はナンバ歩行だが、牛は交互歩行である」との一文を読んだことがある。また、「馬をナンバ歩行にするため、右前足と右後ろ足、左前足と左後ろ足を棒で結んで調教する」との文も見た気がする。出典や事の真偽は詳しく調べ直さないと不明であるが、チーター等の四足動物の歩行は、並足程度の移動までは、どうも「右前足―左後ろ足」の交差・交互の動きである。それが一転して全力疾走になると背骨をバネにしての「両前足――両後ろ足」の動き（バタフライと同じ動き）になる。そうすると、四足動物の中にもナンバと非ナンバの動きがあるのだろうか。はたまた、何故馬がナンバ歩行をするのだろうか。更には、狂言での四足歩行が何故ナンバ歩行をやめたのか等々、身体行動への疑問が膨らんでくる。そんなきっかけを作った石田先生の余談であった。

「日本人の身体行動＝ナンバ」　その二

日本人の身体行動を「ナンバ」という視点で見直すと、身体の動きの差異や特徴だけでなく、身体行動と付随した、というより絡み合ったように一体化した情緒や想像力、表現活動の有り様、呼吸と身体のリズム等が、紡ぎ出されるように新たな勉強課題として湧き起こってきた。それは、残念ながら研究活動と言うには程遠いレベルで、「落ち穂拾い」の如き手ごたえである。しかしながら、私の「生き方」を定かにし、手探りで進みながらも、歩む先をわずかずつでも明らかにしていく確かな「落ち穂拾い」になっている。

沖縄・あおぞらこども園と音楽劇で関わり出してから既に一〇年を越しているが、子どもたちが示す「表現を楽しむ姿」から、私の「学び（勉強課題）」になることが次々と、そして新たに生じている。以下の文は、それらの時々に見えた走り書きである。

○「舞踊的な動き」と「武術的な動き」

2011.10.31

表現活動（身体表現活動）に取り組む時、「舞踊的な動き」は、島小以来の課題になっている。古典バレエや現代舞踊での身のこなし方が、子どもたちの感覚を研ぎ澄まし、無造作で乱暴な動きから丁寧で柔らかな動きを作り出す。そしてまた、貧相で紋切り型の動きから想像豊かな楽しい動きを作り出す。

ただ、振り返ると日本のスポーツ界では、繰り返しの鍛錬が常識になってしまい、緊張と持続を求めて、筋力の部分強化が練習スタイルになっている。だから、プロの選手たちが、並外れた筋力アップのウエイトトレーニングに励み、通用しなくなると、〝体力の衰え〟と称して、その実、身体がぼろぼろになり、関節や筋肉組織を痛めつけ、稼動不能にして、プロの世界を去っていった選手が、今までにどれほどいたろうか。

先日、民放ＴＶで、世界陸上のハンマー投げで金メダルを取った室伏広治選手の特集をしていた。三六歳の年齢でオリンピックと世界陸上の二冠を取った選手は、彼氏が世界史上最高齢だという。それで、二〇代半ばからメダルを取り出した室伏選手が、一度はメダルから見放されるレベルまで落ちたのに、何故復活して、しかも史上最高齢の金メダリストになったのかを企画した放映だった。その時、室伏選手のトレーニング姿を見て、改めて納得したことは、「同じトレーニングを繰り返さない」ということだった。彼は、〝同じトレーニングを繰り返すと、同じ箇所の筋肉や関節ばかり使うことになり、その箇所が金属疲労状態になってしまう。そして、しまいには劣化・破壊を引き起こしてしまう。そうではなく、その箇所の稼動につながる周辺の部分を、関連づけて動かすようにすると、部分は衰えてきても、他の部分が関連して参加することで、全体ではより大きな力を発揮するようになることが分かった〟と言うのだった。そして、映像では、腰に紐でつるしたハンマーの鉄球をぶら下げて、歩き回る姿が映っていた。〝紐のついた鉄球を下げると、鉄球の動きが不規則になり、鉄球の動きに合わせて自分の重心やバランスを取らなきゃなくなる。そうすると、各部分が繋がった必然の動きが出来るようになる〟と言うのである。

室伏選手の言う「必然の動き」とは、まさに私らが追求しようとしている「舞踊的な動き」のことであろう。だから、世界的バレリーナの森下洋子さんは、床から足が離れるまでの身体の解しに三〇分以上を費やす。また、「周辺部分を関連付けて」とは、甲野善紀さんの言う「武術的な動き」のことを指していると思える。だとしたら、「舞踊的な動き」と「武術的な動き」は統一・止揚出来る課題なのかもしれない。

○「生命のリズム」とは、カイ（快・解・会）である。

2011.11.1

梶山正人さんから引き継いだ「生命のリズム」は、身体にカイ（快・解・会）を引き起こして、今まで見知ってていた世界とはまるで違う《新たな世界》に誘っていく。もっとも、この《新たな世界》とは、日本から外国へと行くものでもないし、日常の世界からファンタジーの世界へと行くものでもない。《今いる世界》での、見方や感じ方・動き方が違ってしまうということである。「深まる」や「豊かになる」、あるいは「自由になる」と言ってもいいのかもしれない。

「快」とは、「快い」「心地よい」ということである。それは、まとわりつく俗なものを排することで、身体の無理・無駄から解放され、快適ないい気分になることでもある。すると、身体は爽やかで伸び伸びとしてくる。「生命のリズム」が子どもたちの中で躍動している時、子どもたちは高揚・高潮し、歌ったり、語ったり、動いたりすることを楽しみ、身体表現活動に満足し、我が身の快さ・心地よさを堪能するのである。

また、「解」とは、「解れる（ほぐれる）」ことであり、「解る（わかる）」ことである。「生命のリズム」を感応する時、自然に身体が解れて自由になり、我が身を意のままに駆使して様々の表現が出来るようになる。その時、身体機能が組織だって動いていることを実感し、自分の中で起こる繋がった必然の行動を納得し、一連の営みが解かってくる。身体を縫っている無脈絡な糸が、次々と解れ、再構成・再構築の仕組みが解ってくるのである。

そして、「会」とは「出会う」ことである。それは、他人との出会いであり、自分との出会いであり、身体諸機能との出会いである。今まで何の気無しにすれ違ったり、当たり前の如く関わり合ってきたことが、相手を意識し、自分を離見し、身体の動きを丁寧に確めコントロールしていくようになる。「生命のリズム」を体感・体現している時、子どもたちは、お互いを意識し、お互いの関係を作り出し、お互いの動きに反応・対応していく。それはまた、自と他の関係を、自分の内部にも作り出していく。出来ること・出来ないことが分かってくるだけでなく、見えなかったことが見えるようになり、気付かなかったことが気付くようになる。それは、新しい自分との出会いであり、新しい感覚との出会いでもある。

舞踊であれ、演劇であれ、合唱・オペラであれ、あるいは能楽や歌舞伎であれ、その道を歩むには、その道ゆえの修業・訓練・トレーニングがある。しかしながら、「生命のリズム」で生じる【カイ（快・解・会）】は、どの道にも通じ、基底になるものである。そして、何よりも「生命のリズム」の指標・篩でもある。

○「語順のルーツは日本語風」の記事と私の脳内進化

2012.2.9

今日付け朝日新聞・科学欄に「語順のルーツは日本語風」という見出しで、次のような記事が載っていた。

「大昔、言語の語順は日本語風だった――そんな分析結果をノーベル物理学賞を受賞した米国のマレー・ゲルマン博士らが米科学アカデミー紀要に発表した。主語（S）・述語（V）・目的語（O）の語順を持つ英語などが世界で幅をきかせているが、実はSOVの語順がより古く、基本的といえるという。

最近の研究によると、五万年ほど前に私たちの祖先は突然、洗練された道具を使ったり、絵画など芸術活動をしたりするようになった。そのころ人類は、複雑な言語を使い始め、抽象的な思考ができるようになったからではないかと考えられている。

そうした「最初の言語」がどんな語順を持っていたのかを推定するため、ゲルマン博士らは世界2135の言語について、生物学で使われる系統樹の手法なども応用して、さまざまな語順を詳細に検討した。

その結果、単一の言語の祖先が存在するとすると、それは日本語と同じSOVの語順を持っているはずだと結論づけた。また英語や中国語と同じSVOの語順は、SOVの語順が変化してできたもので、さらにＶＳＯやＶＯＳの語順にも変化していったとした。（以下略）」

この記事の、科学的な信憑性については一切不明だが、全く面白いと思った次第である。と言うのも、中学時代に英語を習ったのだが、主語（Ｓ）の次に述語（Ｖ）が来る言語形式に私の脳ミソ（思考回路）が馴染まず、結局〝教科書を丸暗記する〟という蟻地獄に陥ってしまったからだ。その蟻地獄から抜け出すのに、私は、「新たな思考回路を形成する」という道を選ばず、「英語を棄てる」という道を選んでしまったのだ。多分、小学校期の私の脳内回路は、幼児期の「ＳＯＶ」の世界から抜け出していなかったのだろう。何よりも、表現力がなく発表することが何よりも苦手だった。喋れば、口籠ってどもり始めるし、女の子と口喧嘩をしようものなら、必ず言い負かされ、泣くほかなかったのである。だから、弱虫と言う自覚は無かったが、小学校の低学年の頃はしょっちゅう泣いていた。それが我が親父からの算数「三千題」風特訓で、思考に論理が入るようになったのだが、小学校も六年生頃になってからのことだった。

多分、言語的な思考が「ＳＯＶ」から「ＳＶＯ」に変化するには、抽象的な思考・論理が必要なのであろう。あるいは、「習うより慣れよ」で、バイリンガルな二極の言語回路を自然に形成・獲得出来れば良いのだろう。でも、残念ながら私の脳は一元的な思考回路から抜けられず、そこまで組織化され且つ構造化していかなかったのである。

○「マイムの世界」と音楽劇の身体の動き

2012.4.18

NHK・BSテレビで『マイム　言葉なき感情　石原さとみ　パリ』という番組があった。若いながら〝本格派女優〟と言われている石原さとみが、パリにある『マイム学校』のワークショップに、五日間修業に行くという内容である。

【マイム】とは、「台詞無き無言劇」と言われ、パントマイムのマルセル・マルソーが「大道芸から芸術に昇華させた」として、演劇の世界では知られている。このマルセル・マルソーの第一弟子だったサラ（女性）とピエール・イヴ（男性）の主催する『マイム学校』のワークショップに石原さとみが参加した時の様子を収録していた。

また、【ワークショップ】とは、「音楽や演劇において、実践的に問題を解決していくトレーニング方法」とテロップに出ていたが、過日、〝イギリス演劇への修業の旅〟に出ていた石田淡朗君との話から、ロンドンやパリといったヨーロッパ演劇での日常的トレーニング方法のようである。テーマを設けては役割分担し、即興で演じていくのである。番組の端はしから、具体的なトレーニングの姿が垣間見られ、石田淡朗君が言いたかったことが改めてよく分かった。日本に流行る「ワークショップ」は、勝手にアレンジし、都合のいいところだけつまみ食いしたものだと知った次第。

ともあれ、五日間の「ワークショップ」の中身であるが、【マイム】の基本要素（※「エレメント」と言っていた）には、①大地　②火　③水　④空気　の四つがあると言う。そして、その四つの動きを身につけることからトレーニングが始まった。板張りのトレーニングルームで、石原さとみが鏡を前にし、二人の先生に挟まれて、先生と同じ動きをするのである。尤も、事前の「身体解し」がまずあり、身体の各部位を別々に動かすことから始まったのであるが……。

四つのエレメントには、それぞれ基本の動きがあり、二人の先生の動きを真似ながら、基本の動きを習得するのだった。そして、「大地」の動きは苦しみや辛さを表現し、「火」の動きは怒りや焦りを表現し、「水」の動きは夢や神秘を表現し、「空気」の動きは喜びや情熱を表現するのに通じるのだと言う。それぞれの動きは、「技術」という言い方をしていたが、二人の先生が動く姿には、心の動きと一体になっており、単なる形の習得ではないことが窺えた。別の場面では、〝想像すること。「想像力」が不可欠です……〟と言っていたが、やはりそういうことなのだろうとつくづく思った。「演じる」には、自分の在り様や関係・状況を想像することが必須・不可欠なのである。その「想像」があるから、「技術」に魂が入るのである。

また、「呼吸」を意識させることが随所にあった。重いものを持って歩くにも、10kgと50kg、100kgでは、身体の動きが違ってくる。それを「呼吸」と繋げて教えるのだった。更には、身体内部に様々の重さを作って動くにしても、やはり「呼吸」と繋げた身体の動きを意識させるのだった。

重心の移動も、大切な技術・基本のようである。心の有り様や嗜好の傾向、つまり「思いつめる」・「冷静に考える」・「懐疑的になる」・「思いつく」・「悩む」・「思い巡らす」・「注意する」等々の表現を、重心の移動と結びつけて表現するのである。左右の重心移動で「疑いや分析」を表現し、前後の重心移動で「変化や迷い」あるいは「思いを巡らす」表現をする。そして、上から下への重心移動で「積極性」を、逆に下から上への重心移動で「消極性」を表現していく。更には、二人組になって身体を寄せ合い、「信頼」・「愛情」・「強要」・「依存」・「反目」を四つのエレメントをベースにして表現していくのだった。時には、二人がお互いに両手を握って押し合い、その押し引きから、二人の人間関係を表現していくのだった。ここでは、相手の心を、相手の身体の動きから瞬時に感じ取ることが出来ないと、相互の表現が成り立たなくなる。まさに「響応・交感の世界」であり、そのためのトレーニングになっている。

三日目には、四つの要素（大地・火・水・空気）を使った「創作マイム」を行なった。これは、マルソーが考案したレッスン方法の一つだとか。石原さとみを間に入れて両側に二人の先生が並び、鏡の前に横一列になって演じるのである。演じると言っても、五分間に次々と課題（テーマ）が出され、両側の先生の動きに同調して表現する（つまり、先生の動きの真似をする）のである。

その時の様子を書いてみると、音楽が流れている中で、①大地の中の種が芽を出す　②やがて花が咲き　③人間に変わって人生を歩き出す　④恋人に出会い　⑤愛し合い　⑥子どもを宿し

⑦出産し　⑧子を育て　⑨子どもが成長し　⑩二人で人生を歩き出す　⑪やがて子どもは親から離れ　⑫再び孤独になって　⑬次第に老いていき　⑭夢を見ながら死んでいく　を表現していくのだった。二人の先生に挟まれた石原さとみは、両側の先生の動きを真似ていけばいいのだが、その状況のイメージが無いと、身体は動いてくれないのだろう。石原さとみの表情は、両側の先生を感じ、自分のイメージを思い浮かべ、そして自分の身体が為すままに動いているといった目つき・表情であった。たった五分間の「創作マイム」だったが、終わった後の石原さとみは、ぐったりと疲れきっていた。全神経を集中させ、全身を駆使しての表現だったことが、視聴者の私にもビリビリと伝わってきた。やはり、〝プロは凄い！〟である。

そういえば、この番組を観ながら、ふっと脳裏に浮かんできたのは、私らが取り組んでいる音楽劇の『三枚のおふだ』である。鬼ばばから逃げる時のお札が表すものは、「山」であり、「水」であり、「火」なのだった。進化した「新しい表現課題」になりそうである。

2012.7.6

○「歌声の響き」と呼吸の在り方

古川の小学校校長Sさんに、〝七月二七日の校内研修で、【日本人の声】の教養講座を入れてほしい〟と言ったら、難色を示された。DVDの『斎藤喜博の合唱指導』（合唱組曲『火い火いたもれ』への手入れ・四五分）の視聴は認めたのだが……。多分、Sさんの頭の中では、「先生方が、他学年の実践を知り合い、率直に感想を言い合えること」が当面の課題だと思っていたし、「そのための研修会にしたい」というのが一番の願いだったのだろう。

私の立つ位置は、『学校づくりボランティアの会』として、校長さんの「学校づくり」を応援・支援することである。だから、S校長さんが「学校づくり」の視点の中に「表現活動」を位置づけていたので、この機会に先生方と、「自然な発声」や「素直な発声」を一緒に考えてみたいと思ったのだが、私自身が十分に捉えきれていない。

〝学校現場は、切迫した日々を送っているんですよ〟と、私のあやふやさを難色の形で諫めたのだった。でも、S校長さんのお陰で、「自然とは？」や「素直とは？」での追求すべき課題が定かになった。改めて、『風と川と子どもの歌（島小・境小合唱曲集）』に内在する摂理・法則から実践への道筋を見い出す必要が出てきた。

で、話は変わるが、米山文明氏は『声の呼吸法』（平凡社刊）で、「話す声」と「歌う声」では、体の共鳴腔の使い方、つまり声の響かせ方が違っていると述べている。しかも併せて、響かせ方のトレーニングばかりしてもほとんど無駄・徒労に終わるとも言っているのだった。では、どうすれば良いのか。米山氏曰く、「響かせる云々以前に、体の隅々まで使って、十分に呼吸が出来ることが大事である。叫ぶ・話す・歌う等の声は、息を出す事でしか声にならない。だから、吸気の息を無理・無駄なく有効活用出来るようになることが不可欠である」と続けるのだった。

要は、体の隅々まで使ってたっぷりと息を吸い、その息を無理・無駄がなく、乱暴にならないよう大事に優しく・丁寧に使いながら声にしていくというのである。そしてその時、足の下の大地から、また目の前の周囲から、更には頭上の天空からとエネルギーをもらいながら、息を体の中に充満させるのだと言う。ここで、ようやく、斎藤喜博さんが子どもたちに指導していた体の使い方と、梶山正人さんの主張する「生命のリズム」の呼吸法と、私のイメージする「自然な声」が繋がった。やはり、境小の子どもたちの歌声は、原則であり、先達であり、典型なのである。

2012.7.16

○「一人称のイメージ」のこと

昨日のNHKスペシャルでは『ミラクル・ボディ』とのタイトルで、体操の内村航平選手の特集を放映していた。彼は、前回の世界体操選手権で、三回転のひねり技を演じたところ、審判の目には二回転としか映らず、低く採点された技の持ち主である。その内村選手は、今回のロンドンオリンピックでは、向かうところ敵無しで、〝金メダル四個は確実……〟と言われている。そんな彼を、「科学の目」で分析したのが、この特集だった。

まず、面白かったのは、彼の子どもの頃（生い立ち・成長の記録）を映していたことだ。五歳の頃から地元の体操教室（長崎・諫早市）に通っていたが、特段にずば抜けた才能を発揮していたわけではなかったらしい。八歳の時に、鉄棒の「け上がり」に挑戦したが、他の子は次々と出来ていくのに、内村少年は、出来るのに一年もかかったと言う。ただ、ある時ふっと出来てしまったことが、「技が出来ることの快感」を彼の脳に刷り込んだらしい。その後は、トランポリンでの回転技の獲得にはまり込んでいった。回転技の中に、一回ひねりから二回ひねりへと、他の子どもが出来ない技を次々と発明しては、面白がっていたという。そして、ある時母親が彼に、〝どうやって、ひねりの数を決めるの？〟と尋ねたところ、彼は平然と〝周りの景色が見える回数で決めるの……〟と答えたという。つまり彼は、回転技やひねり技の時に、床や天上、壁が見えていて、その変化の数で回転数やひねり数を確認していたのだった。別のコマでは、ブルガリアのヨーロッパチャンピオンが演じる三回ひねりを比較した映像があったが、そのチャンピオンは〝周囲なんか見ていません。見ていたら、平衡感覚が狂ってしまいますから……〟と言っていた。「風景が見える」「風景が見えない」は大事なポイントになるのだろう。

また、極めて刺激的・衝撃的だったのは、〝彼は、「一人称のイメージ」をしている〟ということだった。実験では、内村選手と学生の体操チャンピオンの二人に、中国選手が演じる最高難度Gの技の映像を見てもらい、それを「脳がどう反応するか」を調べたのであるが、学生チャンピオンの脳は、視覚映像に反応する部位しか動かなかったのに、内村選手の脳は、その視覚反応部位以上に、大脳頭頂部の「高次運動野」が真っ赤になるほど反応していたことだった。この部位は、身体の運動機能の司令塔的部位になる。身体を動かしていないのに、内村選手のこの部位が反応するとは、「一人称のイメージ」で中国選手の動きを見ていたからだという。つまり、内村選手は、自分のこととして「その気になって」見ていたというのだった。「その気になる」ことこそ、高度な運動機能を開花させるキーワードだったのである。私らの取り組む、音楽劇での「その気になる」に、また新しい課題が見えてきた。

2012.9.22

○ 保育園での二歳児の徒競走から

沖縄から帰ってきた翌日、群馬の伊勢崎に出かけた。翌々日の一五日（土）に、孫娘が通っているM保育園の運動会が実施されるからである。孫娘は三月生まれなのだが、年長組に入っており、保育園最後の運動会になっていた。

M保育園は、私立なのだが経営が上手いのか、園児が0歳～五歳までで二四〇人位いた。保育士さんも五〇人前後はいた。M保育園の経営の目玉は、四歳児からの和太鼓演奏であり、太鼓も大中小合わせて六〇台もあったろうか。金額にすれば、優に二〇〇〇万円にはなっていたろう。そして、外国人講師の英会話や、体育指導員の体操教室・水泳教室となれば、「保育園＝職業人家庭の受け皿」というよりも、経営戦略による保育園経営になっている。だから、「学芸会」はあっても、そして「歌と和太鼓演奏の発表会」はあっても、発表当日は市民会館を貸し切って、〝一生懸命やっていて、かわいいね〟のオンパレードである。当然、親たちはビデオやカメラ撮影に奔走し、演目が進む度に、親の大移動が生じるのだった。

ともあれ、例年通り、今回もこんな様相での運動会が市民体育館を貸し切って行われたが、二歳児の徒競走は私に呼びかけるものがあり、面白かった。二歳児なので、横一列に並んだ子どもたち（一回に一〇人ほど）が、保育士さんの合図と共に、15m離れたゴールに向かって真っ直ぐ走っていくものである。ゴールにはゴールテープが張ってあり、一斉にそれを目指して走っていくことになっているのだが、何せ二歳児である。「合図で走る」「真っ直ぐ走る」「ゴールまで走り続ける」「ゴールを越しておしまい」というルールがよく分からない。合図があってもボーっと立ち尽くしていたり、横の方に走っていったり、途中で立ち止まったりして、保育士さんたちは大慌てだった。ま、泣き出す子どもがいなかったのが、大きな成長と言えようか。

で、面白かったのは、そんなことではない。子どもたちの走り方が、まさに「ナンバ」だったのである。両手を肩まで挙げて、空中を漂わせるようにしながらトコトコと前に進んでいく。あるいは両手を下げたまま脱力気味にしてブラブラとさせて走っていく。手はふらふら・ふわふわしているのに、体だけはしゃんとして足をトコトコ進めていく。この様子は、嘗て読んだ甲野善紀さんの本に出てくる江戸時代の遊女・下女の走る姿そのものではないか。

甲野さんが言うには、「ナンバ」の体捌きしか知らなかった女性達は、天変地異に見舞われたり、突然の大火事に巻き込まれたりすると、必死に逃げようとしてこんな姿になったというのである。別言すると、初速の動きがそのまま「慣性の走り」になるのと、腕を降り地を蹴って加速していく「加速度の走り」の違いがこの姿にあると言える。「ナンバ」は、慣性による走り方になるため、持続的・継続的なスピードよりも、身体の自由度による瞬間的なスピードを求めたのだった。

2014.5.8

○ 子どもを「その気にさせる」のこと

おがわのマーチ

ぐるーぷ・めだか

ツン　タタ　ツンタ
みぎむいて　ピン
ツン　タタ　ツンタ
ひだりむいて　ピン
ぼくら　おがわの　たんけんたい
せびれ　そろえて　ツン　タッタ

かえる　よこめに

ツン　タタタ
こぶな　おいかけ
ツン　タタタ
ぼくら　おがわの　たんけんたい
めだま　ひからせ　ツン　タッタ

ツン　タタ　ツン　タ
みずくさ　チョン
ツン　タタ　ツン　タ
こいしを　チョン
ぼくら　おがわの　たんけんたい
あさから　ばんまで　ツン　タッタ

今回の『石巻H保育園』で、ボランティア相方の文屋國昭さんが四・五歳児を相手に取り組んだ『おがわのマーチ』は、圧巻だった。時間にすれば、一〇分弱のことだったが、子どもたちがノリノリになり、二人の保育士さんもハイテンションになっての【ことばあそび】になったのだった。

文屋さんが行ったことは、次の通りである。まず、子どもたちを縦一列に並べ、文屋さんが先頭に立って、子どもたちの行列を後に従えた。その時、文屋さんが「ツン　タタ　ツン　タ」と口ずさみながら、子どもたちを復唱させて歩いたのである。子どもたちは、ことばとリズムと行進が一度に体感出来たからなのか、もうその時点で、元気満々の探検隊になっていた。そうして、子どもたちが「探検隊の世界」に入ったとみるや、今度は、ストップモーションの動きを要求したのである。〝「みぎむいて　ピン」で、止まってどっちか向いて!〟と、自分で演ってみせながら、子どもたちにも真似させたのだった。子どもたちは、今まで意気揚々と行進していたのが、「みぎむいて　ピン」で立ち止まり、ぱっと身体を横向きにする。これが、面白く、一層ノリノリになった。

で、また「ツン　タタ　ツン　タ」で歩きだし、「ひだりむいて　ピン」で逆モーションをする。それをやった後の「ぼくら　おがわの　たんけんたい」は、すっかり探検隊気取りである。その後、そばで見ていた私を使い、〝田中先生が「かえる」だよ〟と子どもたちに声をかけると、私のそばを横目で見ながら通り過ぎていった。詩のことば通り「かえる　よこめに　ツンタタタ」である。勢いがついた文屋さんは、今度は保育士のHさんに、〝はい、「こぶな」になって！〟との指示を出した。Hさんも、即興で「こぶな」の動作をする。すると、文屋さんは、〝追いかけるから、逃げて！〟の声がけをする。でも、Hさんは、「逃げる」動作の意味が分からない。慌てて、子どもたちの周りを走り出したのだった。この辺から、子どもたちが離れ出しただろうか。それでも、ノリノリの一〇分弱の取り組みだった。

思えば、ずっと昔、狂言の合宿で、文屋さんが「一ノ蔵マン」のアイデアで、幼い淡朗君を興奮状態にしたことがあった。私は、何も出来ずにいたので、ただただ〝文屋さんて、すごいなぁ……〟とひどく感心したものだった。でも、あの時は、酒が入り、文屋さん自身が通常感覚を踏み越えていた。しかしながら、今回は、素面での真っ当な取り組みの中でのことだった。私は、文屋さんに内在する能力を、もっと盗まねばならないと思った次第。狂言の石田先生が既に見抜いていた。〝文屋さんの演技は、狂言の原則から踏み出すけど、文屋さんの面白さがよく出ている〟と。

2014.5.9

○『虎拉ぎ』での身体操作の効用

甲野善紀さんが、息子の陽紀さんと、山と渓谷社から『驚くほど日常生活を楽にする　武術&身体術』という本を出した。一応DVD付なのだが、甲野善紀さんの主張する身体操作術は、やってみないと分からないし、やっても、その域に達していないと、やっぱり分からない代物である。だから、「運動＝スポーツ」しか知らない人や、また、武術・武道をやっていても、スポーツ的身体操作やパワーアップ（筋力アップ）に拘る人には、理解不可能な世界である。私も、一〇代か二〇代に知っていたなら、甲野式身体改造が可能だったろうが、甲野さんを知ったのがメタボ最前線にいる五〇代半ばでは、諦める他なかった。ともあれ、前述の本は、今までの中で一番分かり易かった。六六歳の私でも、納得・了解出来ることが、そちこちに散見されるのである。で、その中に『虎拉ぎ』という身体操作・身体の構えが出てくる。この『虎拉ぎ』という姿は、手や腕で「虎の手（足）先」のように構える形を指す。もっと具体的に言うと、まず、五本の指でおにぎり大の石を持つように形作る。そうしておいて、親指をさらに中に入れ、人差し指が中に曲げた親指の第一関節に被さるようにするのである。ちょうど、虎が獲物を摑むようなつもりで、各指に力を入れ、指の関節を悉くカクカクと折る。それを左右両手で作り、腕の関節もカクカクと曲げて緊張させるのである。狂言の舞の「左右」の型と似ている。違うのは、手が獲物を摑んだ虎の手のようにすることと、各関節を緊張させカシっとした構えになることである。

その『虎拉ぎ』の構えで、長い階段を上り下りしたり、高い台に上ったり降りたりすると、体がふらつかず安定した形でスムーズに身体の移動が出来るのである。この『虎拉ぎ』は、論より証拠。誰でも体感出来るはず……。足に負担がかからず、フワッとした感覚で上がったり降りたり出来るはずである。

それで、私は『虎拉ぎ』の応用編とばかり、『虎拉ぎ』の形でスクワットをしたらどうなるか、体感を試みてみた。すると、筋力トレーニングのつもりでスクワットをした時には、腿の筋肉に負荷がかかったのに、『虎拉ぎ』でスクワットをすると、膝は楽で、腿の筋肉もそれほどの負荷にならなかったが、足の内部にある様々の筋肉が、電流が走るように、ピキピキと軋みだしたのだった。『虎拉ぎ』は、全身を繋ぎ、総動員する構えだったのである。

2014.5.10

○「馴化」と「集中力」のこと

「馴化」とは、一般的には「環境・風土になれて、適応すること」（『明解国語辞典』）を意味する。つまり、周囲の状況に慣れてきて、順応していくことを表す時に使う。これが、幼児心理学の世界になると、「物事のやり様が分かったり、楽しさを体感すると、すぐ満足して飽きてくる」ことを指す言葉になる。だから、子どもは、こんなものと【見切る】ことが天才的に上手い。【見切った】子どもは、その瞬間から、気持ちも体も別の方向へと動き出す。

かにさん
かにさん　かにさん　どこへいく
わたしは　さんぽに　でかけます

のっそり　のっそり　のっそりな

『かにさん』の歌に四歳児・五歳児の子どもたちと取り組んだ時に、この「馴化」が現れた。私が、カニの切り絵を出し、〝これ、何だか分かる?〟と、子どもたちに訊くと、すかさず〝カニだ!〟の声が出た。撒き餌に、魚たちが集まってきた感じである。子どもたちの気持ちや表情も、「何が始まるんだろう?」と、一斉にこちらに集まる。それで、おもむろに、〝今日はね、このかにさんの歌を、教えます〟と、歌に入っていった。子どもたちは、自分が正座していることも忘れて、私の「かにさーん」の歌声を真似していく。

「かにさーん　かにさーん　どこへいく」「わたしは　さんぽに　でかけます」「のっそり　のっそり　のっそりな」と部分にわけて、かにさんに呼びかけたり、かにさんが応えたり、そして最後にはかにさんの動きを表すようにして、繰り返しながら私の歌声を真似させていった。

その時、私が身振りで呼びかけを表したり、かにの切り絵を指先で指し示したりして、歌っていった。また、子どもたちが、【息を吸って】そして【歌う】ようにと、私の身体で呼吸のリズムを伝えていった。子どもたちは、感得・同調するのが実にうまい。すぐ私の身体の動きから、歌の声や歌のリズム、呼吸の仕方やタイミングまでつかみ始めた。気を良くした私は、更にデフォルメして、声を大きく、身振りも大きく、息も大きく……と、「大きく」を誇張していったが、それは、デフォルメになっていなかった。もっと、振幅の幅を増減したり、呼びかけの対象を大小化したり、リズムやテンポに緩急をつけていかなければならなかったのである。だから、四歳児と五歳児に分かれて、交互に歌う頃には、四歳児は、もう飽きて逃げ出し始めた。

それでも、正味一〇分位もったろうか。子どもたちの集中が、一〇分から一五分になり、二〇分になっていった時、「音楽劇」に取り組めるようになるのだろう。私がボランティア活動で入った『石巻H保育園』では、当初に意図した「呼吸と歌」の下地作り・下地の耕しがほとんど無かった。それで、私と子どもたちのやり取りを見ていたボランティア相方の文屋國昭さんがぼそっと言った。〝「ことばあそび」よりも、「うた」の方が、子どもたちの抵抗や課題が一ランク上かもしれない……〟と。

幼児の特質ともいうべき「馴化」を超えて「集中力」をつけていくには、まだ我々には越えるべき課題や手立てが見えずにいるが、確実に有りそうである。

2014.6.13

○　同期・同調の心地よさ

『日本人の身体』（内田樹著　新潮社刊）を読んでいたら、「賓主互換」「賓主歴然」という言葉が出てきた。

この本は、一二人の能楽師やら雅楽師、尺八奏者、文楽人形遣い、茶道家、女義太夫師等と内田氏が対談をし、身体操作の術理や身体機能システムの理を究明しようという本である。この本で、どれだけ理が究明されたのか私には判別できないが、本の帯には「日本人には固有の身体技法がある」とあり、その視点で面白かった。

で、茶道家・千宗家氏との対談の中に出てきた言葉が「賓主互換」「賓主歴然」というものである。内田氏が〝「賓主互換」とは？〟と尋ねると、千氏が〝賓が主になり、主が賓になる。つまり自他の区別が渾然となってしまうということです。「賓主歴然（ひんじゅれきねん）」とは、主と客が歴然と分かたれること。その感応こそが、お茶における主客の理想的なありようだというのですね。〟と言うのだった。私は「茶道の世界」と全く無縁な生き方をしてきたので、語の表す事象がまるで想像つかないのだが、私ら流に勝手に意訳すると、何のことはない「アンサンブル感覚」のことではないだろうか。これを内田氏は、

「同じものを食べ、同じものを飲み、臓器の活動、呼吸や脈拍が同期していく時の体感は、凄まじいものです。それこそ「賓主互換」ですが、人間が自分の傍らにいる人間と同期していって、一種の共同の身体みたいなものをそこに成り立たせる能力というのは、人間固有の、非常に偉大な生存戦略ではないでしょうか。」

と述べている。

また、内田氏は、別の頁では、「呼吸が同期し、脈拍が同期し、身体感覚が同期するのがどんなに気分のいいことか……」とも述べている。これも、私ら流の言い方をすれば、「その気になる」であり、「その気にさせる」ということになる。私たちが保育園の子どもたちと「ことばあ

そび」「うた」「リズム・ステップ」「音楽劇」に取り組むのは、子どもたちに、呼吸を共有させ、想像を共有させ、身体の表現を共有させることにある。何の手入れもせず、子どもたちの意に任せておけば、同期・同調は決して起こらず、お互いに繋がり合い支え合った共有・共感は成立しない。

走り回る子どもたち。すぐ机やピアノに潜り込む子どもたち。突然怒鳴るように大声を出す子どもたち。そして、ズボンやシャツを絡める子どもたち。その姿・動きが、事の真実・事の本質を端的に物語っている。だから、それらを否定し止揚・昇華を求めての「ことばあそび」「うた」「リズム・ステップ」「音楽劇」の取り組みなのである。

ただ、動物行動学での「同期」「同調」とどう違うのか。例えば、一人が泣き出すと、次々と泣き出す赤ちゃんの同期・同調と何処が違うのか。私らにとっては、古くて新しい「追究し解明すべき課題」である。

○「斎藤公子・保育メソッド」の有効性と課題

2014.10.20

新設二年目の『石巻H保育園』の保育士さんたちが、同じ県内の『N保育園』に保育のノウハウを研修に行きながら、「なかなか同様の行動に移らないのは、何故なのだろう?」と気になっていたので、今回、改めて『映像で見る　子どもたちは未来Ⅰ〜Ⅲ』を見てみた。特に、Ⅰ巻の①乳幼児の生活・保育園の日々、Ⅱ巻の③赤ちゃんの育て方——生きる力を育む　は、斎藤公子さんや、保育士さんたちが子どもと関わる姿が映されていて、関わりの様子が具体的に分かり、とても面白かった。「何故、面白かったのか」と言うと、生物の進化におけるヘッケルの説「個体発生は、系統発生を繰り返す」が、手順を追って丁寧に繰り返され、子どもたちの身体の解放・変化が見事にあらわれていたからだある。

まだ首も座らない赤ちゃんと、絶えず「目交い」で保育士と赤ちゃんの交流を起こす。寝返りを打つ時期になると「どんぐり」の動きで、身体移動と足の位置の関係を、赤ちゃんの自然な行動になるまで、何度も何度も体感させていく。そうして、「はいはい」を始める頃になると、後ろ足で踏ん張るよう、一足ずつ足の親指部を稼働させ、手との関係を身に付けさせていくのである。当然、そこには、水中での動きの時期（魚類）、地上で呼吸が可能になる時期（両生類）、地上をはい回る時期（爬虫類）、そうして二足歩行になる時期（類人猿）、二足歩行で動き回る時期（ヒト）と、わずか一年半から二年ほどの間に、生物進化の流れを基に、子どもの発達・成長に即して、そしてまた確実な発達・成長が起こるように、子どもに顕在する不足や歪みを正しながら、自然な発達・成長を促していくのだった。

この『映像で観る　子どもたちは未来Ⅰ〜Ⅲ』には、脳科学者の小泉英明氏が関わっていた。パンフレットには「乳幼児期に、身体系と脳神経系の土台が築かれてこそ、その上に調和のとれた感性と知性が自ずと発達する」との小泉氏の言が載っており、「斎藤保育は、学術的であると同時に、芸術の側面があって奥が深い」と推奨している。

小泉氏の論や説に異議はないし、私もそうだと思うのだが、小泉氏は、斎藤公子さんがやって見せている「擦る」や「揺する」の「マッサージ」には、触れていない。私も、映像を見るまでは、「斎藤公子・保育メソッド」に現れるユニークな諸行為が、身体の発達・成長を起こしているると思っていたが、折に触れて絶えず行われる「マッサージ」が、諸行為を支えていると映像から知ったのだった。

斎藤公子さんの行う子どもへの「マッサージ」は、いわば「整体」なのだった。「整体」だから、子どもは解されて、心地よくなり、身体の楽を感得していく。それは、揺すられることで脱力し、強張りや緊張を無くして自然な身体状態を引き起こす行為なのだった。

「斎藤公子・保育メソッド」で子どもたちは、身体系と脳神経系の土台が培われていくのだが、いよいよ「ヒトが人間になっていく」三歳児以降の姿になると、私にはそちこちに疑問が生じる子どもたちの姿が現れていた。

京都大の霊長類研究グループの成果・提言によれば、「ヒト」と「チンパンジー」の違いは、【手をかける子育て】と、【想像する力】の違いにあると主張しているが、この点については、私らが子どもたちと取り組んでいる「ことばあそび」と「音楽劇」で今後実証していきたい。

○椅子の効用・正座の効用

2014.11.1

ついに石巻H保育園の四・五歳児が取り組む音楽劇『おむすびころりん』は、全員「椅子」に座らせたまま取り組む形に、戻ってしまった。内心、〝これでも駄目ならどうしようか……〟と思っていたが、大勢が座ったままならやれるようなので、ここから再出発である。『生活発表会』まで、残り三回である。現状は、椅子に座ったままで、「おじいさんが穴に入って、ネズミの歓迎を受けるところ」までである。まだ、餅つきの場面、祝宴の場面、お別れの場面と三場面が手つかずだが、子どもたちが「その気」になってくれれば、三回でも何とかなるだろう。

ともあれ、四歳児が集中出来ない。すぐ離れ、「他所の世界」に出て行ってしまう。隣の子にちょっかいを出したり、フラフラと動き回ったり、体を崩して寝転んだり……。一瞬集中しても、二瞬目、三瞬目は、もう「お出かけ」を始める。この子たちに合わせていたら、なかなか先に進まない。そのうち、五歳児までが間伸びした取り組みに飽きてきて、ふらふら、そわそわし出し「あっち向いてほい」になっていく。

私は、現職教師時代、へき地での複式授業や、特殊学級での三部式授業・四部式授業を経験したが、その時は、担任として「今日が駄目なら、明日があるさ。明日が駄目なら、来週があるさ。来週が駄目なら、来月があるさ。……」と、子どもたちとの関係を何とか見出し・作ってきた。

しかし、今回は、実質一回勝負の『おひさま楽校』である。四・五歳児の「複式保育」が、こんなに手強いとは、思ってもみなかった。

そんな中で、支えになっているのが「注意の圏」と「核爆発の圏」のテーゼである。沖縄・あおぞら保育園で、気付かされたのは、「正座」（※あおぞら保育園では、「お母さん座り」と言っていた）をして、話を聞く時の、集中した表情だった。こちらの話が面白いと、五分でも十分でも「正座」して聞いているのだった。更に気づかされたのは、そうした集中が、立った姿でも起こることが、相方・文屋國昭さんの【ことばあそび】で知らされた。でも、音楽劇のように動きが入ると、もう駄目。そこで知ったのが「核爆発の圏」だった。指導する私たち（担当保育士さんと私）と子どもたちだけでなく、子どもたち同士が「付かず・離れず」に繋がり合える距離を体感することが、指導の中では必須不可欠なのだった。そうして、更に知らされたのが、あおぞら保育園二歳児の「椅子」に座った姿での対応・集中だった。二歳児でも、「椅子」に座ると、安心し落ち着ける世界になるのであろう。リラックスしながらも、保育士さんと楽しく対応するのだった。子どもは、安心し落ち着ければ、その状態であり続ける。それは、「正座」よりも「椅子」の方がはるかに容易なのだろう。四・五歳児の『おむすびころりん』で、改めて知らされたことである。

○ 同級生H君のリハビリ治療（機能回復訓練）から

2015.12.31

高校時代の同級生で、仙台で建築設計士をやっていたH君は、二年ほど前に脳梗塞から脳内出血を起こし、現在は右半身マヒの状態で、自宅での療養生活を送っている。今までに、何度か見舞いに伺ったが、ようやく、車椅子を使って、自力で動かす機能回復訓練に入ったところである。残念ながら右半身はほとんど動かず、マッサージによる形態維持を繰り返している。脳からの指示・指令回路が機能不全になると、それに繋がった全身（筋肉）が無行動状態に陥ってしまうところに、脳のダメージが引き起こす大変さがある。当然、言葉も筋肉運動なので、発せられずにいる。消化器系も筋肉運動なのだが、食事と排泄が出来るので、脳の機能不全部分と関わりが無いようだ。

ともあれ、彼氏は、聴覚系統にも不具合が無いようで、話しかけられたり、ラジオを聴いたりでの反応がある。先日も、顔にひっかき傷をつけていたので、奥さんに〝何したの？〟と訊ねると、〝自分でひっかいてしまって、傷になってしまったの……〟と言う。それで、私が〝ああ、そう。でも、傷が出来るのは「生きている証」だから、一つなんてケチなこと言わずに、三つか四つつけるといいのに。迫力出て、カッコいいさ！〟と言うと、彼氏はニヤリと笑うのだった。また、別れ際に握手を求めると、そろそろと布団の中から左手を出してくるのだった。

そんな状態の彼氏であるが、先日伺った時に、車椅子に乗って、左手で補助輪を回す訓練をしていた。まだ、車椅子に乗ってのリハビリ訓練は、回数が少ないようで、前に動かすのがやっとの状態だった。右利きの彼氏が、左手一本で、というより、左手の甲に全力を集中させて前に押し出す機能訓練なのだから大変である。何度か試みたが疲れてしまって、「もういいわ」という状態だった。それで、療法士の女性が、〝今日は、もう止めますか？〟と彼氏に話しかけた時、そばにいた賄いの方が〝後ろにだったら、動かせますよ〟と声をかけてきた。療法士の方は、それを聞いて、〝あらっ、まだやったことないけど、見せてくれる？〟と、彼氏に呼びかけたのだった。それで、彼氏は、「それでは……」とばかり、左手を手前に縮めて、車椅子をバックさせたのだった。その距離は数十㎝だったが、前進させるよりもはるかに動いたのだった。

思うに、療法士さんの訓練マニュアルには、「まず前進」、そして「前進が出来るようになったら後退の練習」となっていて、何の疑いもなかった風だった。でも、日本の鋸に象徴されるように、「押す」のではなく「引く」ことに身体の合理がある。つまり、ナンバの動きが、日本人の身体行動にとって、合理なのだろう。何しろ、彼氏は、典型的な「日本人」なのだから。「リハビリ（機能回復訓練）の世界」でも、ナンバ的動きは本質的な課題なのだった。

○「気配を断つ」・「気配を消す」のこと

2016.2.14

甲野善紀さんの最新刊『できない理由は、その頑張りと努力にあった』（ＰＨＰ研究所刊）を読んでいたら、一〇〇〇円札を持った甲野さんが、それを下に落とす間に、相手が摑むという話が載っていた。甲野さんがお札を下に向けてつまみ、それを相手が２㎝ほど広げた親指と人差し指で、落ちた瞬間に摑むというものである。でも、相手は、何度やっても下に落としてしまう。それで甲野さんが、〝もっと下端でいいですよ〟と、待機の指をお札の下端まで下げたが、結果は同じだった。どうしてもつかめず、一〇〇〇円札は下に落ちてしまう。それで、今度は甲野さんが一〇〇〇円札をつまんだ指をぱっと開くと、インタビュー氏は見事に摑むのだった。それを甲野さんは、「取ることが出来たのは、私が思いっきり派手に手を開いたからです。ですから、この手を開く雰囲気が伝わって、取ることが出来たのだと思います。ですが、私が一〇〇〇円札を摘まんでいる力を徐々に緩め、いつ一〇〇〇円札が手を離れるか私も分からない状態にしておくと、同じ距離でもほとんど取れないのです。」と述べていた。つまり、指先の気配を消したのだった。

この個所を読んで、脳裏に蘇ってきたことは、嘗て狂言の稽古を石田先生から受けていた時、舞扇の持ち方で〝構えはこうですが、扇は持つか持たないか、ぽたっと落ちてしまうような持ち方がいいのです。〟と言われたことだ。扇を強く握ると、扇だけの動きが強調されて、身体の動き・所作と同調しないと言うのだろう。つまり、扇の気配を消すことが肝要なのだった。

こう考えた時、過日のBSテレビ番組『おやじのせなか』での野村萬斎さんの万作評「この頃の父は、型が無くなっているんですよ。〈型破り〉というか。でも、きちっと型が存在している……」が、またまた過った。

狂言は、「様式美」を追求する世界である。だから、「型」が身に染みる程訓練する。当然、動きや空間・間の取り方まで「型」で身につけていく。それが、一〇年、二〇年と時が過ぎるうちに、「型」が身体の動き・所作になってくるのである。しかしながら、それを更に三〇年、四〇年と積み重ねていくと、「型」があって且つ「型」の無い世界に入っていくらしい。父である野村万作さんは、息子である野村萬斎さんから見ると、〝「型の無い世界」に入っている〟というのである。つまり、剣術でいう「無刀取り」が出来るというらしい。「無刀取り」は、単に相手を打ち負かすと言うだけでなく、刀を持たずに相手の動き・相手の剣の捌きに応じると同時に、我が身を最強・最大の反撃の状態に置く（相手の刀を挟み取る）ことである。当然、我が気配を断ち、我が気配を消すことでもある。

狂言の身体所作と【日本人の身体行動・ナンバの世界】との繋がりが、また一つ見えてきた気がするのだった。

○ 美濃保育園の「表現活動」

2017.10.4

岐阜・美濃保育園でのオペレッタによる「表現活動」は、取り組み始めてからもう三〇年近くになる。私には、何故美濃保育園が三〇年近くも取り組み続けられたのかが、大きな課題になっていた。初期の頃は、大槻志津江先生の指導の見事さに心酔し、大いなる憧れを持って始めたのだろうが、大槻先生の指導から離れた後も、脈々と〈「表現活動」に取り組み続けているのは、一体何故なのか？〉が、私の関心事であり続けた。

思うに、「表現活動」に取り組むことで、子どもたちの内実が変わり、子どもたちの意識が変わり、子どもたちの対応力・集中力・想像力等が飛躍的に高まったからに違いない。そして何よりも、子どもたちが「表現活動」を楽しみ、やるほどに好きになっていくのが実感出来たからに違いない。だとすると、私の目指す音楽劇による「表現活動」と本質的に何処が違うのか……。本質的に何が違うのか……。

私の取り組んできた音楽劇は、幾つかの原則や前提がある。子どもたちには、①広いフロアで②出ずっぱりで　③明るくして　④衣装を着けずに　⑤裸足で　演じてもらうというものであり、「呼吸」をベースにして対象を定めながら、声や身体に同機・同調・響応を創り出すというものである。更には、ピアノの曲で入退場し、指揮で子どもたちの「表現活動」を支え、方向づけていくものである。どれもこれも、子どもたちの成長・発達を保障し、子どもたちの内実を確かなものにするためである。決して子役を育てるためではなく、歌手やバレリーナ、あるいは体操選手やスポーツのアスリートを育てるためでもない。それらは、子ども自身が決めることである。だから、子どもたちがそれぞれに「〇〇になりたい」と思った時、その土台となる基礎や基本を、子どもの成長・発達に即して身につけていくことが主眼になる。それが、子どもたちにとっての「最善の利益」だと思っている。でも、美濃保育園の方々も、私と同じように思って取り組んでいるに違いない。だから、三〇年近くも「表現活動」に取り組んでくることが出来たのだろう。すると、私の意図する「表現活動」と、美濃保育園の「表現活動」は違うのか、同じなのか。

今回、『舞うひと』（草刈民代×古典芸能のトップランナーたち　淡交社刊）を読み、ようやく見えてきたのは、美濃保育園の「表現活動」は【舞踊表現】を目指すものであり、私の「表現活動」は【劇表現】を目指しているということだった。【舞踊表現】だから、リアルよりも抽象を重用する。無対象行動も、具体に即するよりはリズムやテンポに乗ろうとする。そして、相手との対応よりも、個々の姿勢や筋肉の駆使、手足や指先の計算されたあるいは微妙な動きを求める、等々。美濃保育園と私の違いは、特化して言うとバレリーナと演劇俳優の違いだったのである。

○「個の自立と全体の調和」のこと

2017.10.9

野村萬斎さんが『ボレロ』を舞ってから二年になる。洋楽の『ボレロ』の曲に乗って、三間四方の中空の舞台上で『三番叟』の様式で舞い、その舞台を歌舞伎役者の方々が群舞の形で同一の動きで舞うというものだった。『ボレロ』での踊りは、一五分近くの間、同じリズムが繰り返されていく中を、どうやって高揚感を創り出していくのかが問われる。それに萬斎さんは、果敢に挑戦していた。その時、舞台下で群舞を舞った歌舞伎役者の方々の、一糸乱れぬ動きが面白かった。

今回『舞うひと　草刈民代×古典芸能のトップランナーたち』（淡交社刊）を読んでいて、四代目・市川猿之助の「歌舞伎役者の踊りって個々をみるとバラバラなんだけど、パッと見では揃っているようにごまかすのがいい意味で上手いんです。」の文に出合い、思わず笑ってしまった。歌舞伎役者の修業には、絶えず「対応する」「間を感じる」「呼吸を合わす」等がついて回る。様式としての型を身につけていくが、その時、相手（相方・取り巻き・敵対者等。時には観客や想像上の対象も……）との関係性が常に問われ続ける。つまり、個の修業が双対的に集団の修業にもなっている。だから、一人ひとりが身につけた型は、集団での群舞にも即応出来るのだった。思えば、野村万作さんが古希記念に取り組んだ狂言『唐人相撲』（※中国の皇帝と日本人の相撲取りが相撲を取り、皇帝を負かして意気揚々と日本に帰ってくるという話。三〇数人がそれぞれの役で登場する。）に文官役で出たことがあったが、〝ここでこうして……〟という指示はあったものの、群舞のような統一された動きは要求されなかった。一人ひとりは、それぞれに練習したのだろうが、まさに「いい意味でごまかすのが上手い」世界だった。

更に思えば、東京まで行って初めてオペラ『オテロ』（ミラノ・スカラ座公演　オテロ役――プラシド・ドミンゴ）を鑑賞した時、舞台上のそれぞれの声がそれぞれに聴こえてきたのにびっくりした記憶がある。それでて、素晴らしい合唱になっていたのだから。つまり、ベルカントの世界で、それぞれがそれぞれに自分の声を求めて修業した時、それが集団としての統一をも創り出す修業になっていたからなのだろう。「個と集団」の関係や「部分と全体」の役割が、スカラ座のオペラにはその典型例としてあったのだった。

もっと思えば、五〇年も昔。明星学園の公開で、「教育における科学と芸術」というシンポジウムがあった。遠山啓さんの代理で高橋金三郎さんがパネリストだったが、会場の参加者からこんな質問が出た。〝北朝鮮のマスゲームと創価学会のマスゲームは、何処が違うのですか？〟と。すると、高橋金三郎さんは一言、〝見たことがないので分かりません〟と応えたのだった。多分、一言で済む話では無いと直感したに違いない。

でも、今にして改めて思うと、表現活動（舞・踊り）での「個の自立と全体の調和」に還元される問題だったのだろう。これは、「表現」の本質に関わる大変な問題である。様々で多様な実践が展開されていって、先の見えて来る話である。残念ながら、当時も今も、学校現場には事実で示し、事実で検証する風土は育っていない。

○「リズム」が引き起こす身体の変化のこと

2017.10.19

一〇月一四日(土)、東京・目黒の喜多六平太記念能楽堂に行って『遊兎の会』の狂言発表会を観てきた。一〇年も会から離れていると、既に見知った顔は1／4も居なかったが、それなりに面白く鑑賞させてもらった。客席は、三五〇席位あったが、常時三〇~五〇人程度の入りで、演目ごとに入れ替わるのは以前と同じよう。でも、Kさん・Yさん・Mさんの〝文化学院三人娘〟が挨拶に来られた時には、感激のあまり、思わず握手をしてしまった。

ところで、今回も眠気に襲われ、眠ってしまった演目があった。『空腕』である。太郎冠者に二〇代のHさんという方が演じ、主人には石田先生がなっていた。二五分程の舞台だったが、そのうちの二〇分近くをHさんが、一人語りで演じるのだった。その、一人語りを聞いているうちに、睡魔に襲われたのである。Hさんの口調は、劇団関係の人なのか、歯切れよくガンガンと喋ってくるのだった。舞台が始まって最初の頃は、〝若いだけあって、やる気満々だな……〟と思って聞いていたのだが、半ば頃から、〝うるさくてしょうがないな。もっと抜いたり・引いたりすればいいのに……〃と思い始めたら、もう駄目だった。声を脳が遮断し、何も聞こえない無の世界に入っていったのである。時間にすれば数分だったか……。ふっと目を開けて斜め前の席を見たら、着物姿の妙齢な御婦人もコクリコクリと眠っていたのだった。つまり、私の眠りは「老人化した身体」の結果したものではなかったのだった。その証拠に、主人役の石田先生がしゃべり出すと、リラックスして目をつむっていても、一言一言が脳内に染み入るように入ってくるのだった。そして、頭がクリアになり、話の続きに耳を澄まし始めるのだった。

これは、何を物語っているのだろうか。嘗て、「願掛けオペラツアー」と称して、『オテロ』から始めて、『タンホイザー』『ニュルンベルグのマイスタージンガー』『メリーウィドウ』『こうもり』『ローエングリン』等を観に行ったが、どれも半分以上は眠ってしまった。演奏のリズムやメロディ・流れが、実に心地よく、眠りの世界に誘われるのだった。また日本の能を観てもやはり眠ってしまった。奇しくも、『舞うひと』（草刈民代×古典芸能のトップランナーたち　淡交社刊）の中で観世流能楽師・観世清和さんが「能をご覧になって深い眠りにつくことも大事ですし。……、能の囃しを聴くと身体のリズムが一定になる、と科学的に解明されております。したがって能を見てねむくならない人はどこか悪いという説があるくらいです。」と述べていた。

でも、石田先生の喋りは、脳をすっきり・爽やかにしてくれた。この違いは何なのか。身体と脳の機能に関わる大きな課題と考えてみたい。

○「居抜きと呼吸」のこと

2018.1.2

元日の午後二時からNHK・Eテレで『インタビュー達人達選　華麗に！　黒柳徹子vs五世家元井上八千代』という番組があった。その中で、〝先代井上八千代に「井上流の極意は、何ですか」と尋ねた時、先代は、「呼吸です」と応えていました〟、〝「呼吸」を身に付けるには、「居抜き」の姿勢が出来なければなりません〟と話していたことが、私の心に妙に納得気味に響いたのだった。

井上八千代が言う「居抜き」とは、真っ直ぐに立った時、そのままの姿勢でちょっとひざを曲げ、重心を微妙に低めた姿勢のことである。体幹が真っ直ぐのままだから、重心を低めた分、手足が自由に動く。しかも体幹がすっくとしているから、常に手足が身体として一体化している。そういった姿勢で自由に舞った時、「呼吸」が身体の流れを創り出すというのである。これは、狂言での立ち姿とも一致する。また、相撲での「腰割り」や甲野流古武術の「屏風立ち」にも繋がる姿勢であろう。というより、手足を脱力状にして自由に動かすには、体幹（全体）と手足（部分）が繋がり合い一体化して稼働すると、自ずとこの姿勢になるのである。

話はかわるが、老化の表れか、腹筋運動で上半身を起こすのが出来なくなってきた。二～三年前までは、一〇回位は平気で出来ていた（※二〇回を越すと、筋肉痛が残る）のにである。それが、昨夏に気づいたのであるが、仰向け状態で両足を上にあげ、両足を下す反動で身体を起こし、その勢いで上体起こしの腹筋運動をすると、何と四～五回は楽に出来る（※これ以上やると、筋肉痛の後遺症が残る）のであった。つまり、両足を上げることは、上体起こしの腹筋運動の「助走」や「呼び水」になっていたのだった。そうして得心したのは、私の身体の老化とは、身体各部位の筋力の低下もさることながら、身体各部位を一体化して稼働する能力が低下したことだった。

教員時代の昔、鉄棒の逆上がりが出来ないのは、〈身体の各部位が、無関係・バラバラに機能するから〉と思ったことがあった。また、逆立ちがふらふら・ふにゃふにゃするのは〈身体を統一的に一体化できないから〉と思ったりもした。当時の私は、それらの本質を感得するだけの知識・理解・技量等が不足していたため、そのままになってしまったが、狂言の世界を知り、「ナンバ」の動きに気づき、また逆に西洋流の身体操作・身体表現の世界を垣間見るに及んで、身体各部位の自由な稼働には、各部位が個別に機能向上を図るよりも、同調・同機して関連づいた身体の下で各部位の機能向上を図ることが必須と思えてきた。そして、上述身体を育む中で、無意識・自然に行う呼吸を、意識且つ意図した「呼吸」と結びつけて身に付けることが肝心・肝要と思えてきた。「身体行動の課題」の再整理である。

○「自然な歩き方」のこと

2018.9.30

沖縄から帰ってきて、すぐ元宮城教育大学教授の中森孜郎さんの所に会いに行った。中森孜郎さんは、三年前に奥様に先立たれてから、仙台市青葉区愛子の特養ホームに入っていた。それでも、最後の仕事とばかり、一〇代最後の特攻兵時代に書いた『憂憤録』の冊子を作り、心ある人たちに送っていた。私にも届いたが、返事の代わりに拙本『続・生き方考』を送ったりしたのだった。

中森孜郎さんは、当年九一歳である。体力や身体の衰えは隠せない。私が訪問した時は、〝昨日から急に血圧が高くなり、ようやくさっき起き上がったところ……〟と言うのだった。それで、体調に影響しないよう、一〇分程度で退出したのだった。でも、その一〇分程の話し合いは、私にとって極めて中身の濃いものだった。私の質問が、中森さんの生気を蘇らせたようで、目に気力を漲らせて話し出したのである。

その質問とは、〝宮教大附属小の校長をしていた時、六年生の子どもたちに、校庭で「歩く」授業をしたことがありましたよね。その時、「背筋を伸ばして、踵から着く」ことを盛んに強調していましたが、それはどうしてだったのですか？〟と訊いたことである。すると、中森さんは、〝だって、それが「自然」でしょう。〟と語気を強めて言い、椅子に座ったままの姿勢ながら、両手で歩く姿を示し、手の踵部分を着いてから次に指先で地を弾いてみせるのだった。背筋を伸ばして、踵から地に着く歩き方には、私は何の異論もない。それが自然だし、無理・無駄のない「歩き方」だと、私も思うからである。でも、体育学を専門としてきた中森さんは、それを〈どういう言葉で表すのか〉を知りたかったのだった。それで、〝その「自然」って、「合理」ということですか?〟。無理・無駄のない動きってことで……〟と更に訊いた。中森さんは、〝そう言うことですよ!〟と、すぐ返してきた。私は、またも突っ込んでみた。〝甲子園での選手たちの入場行進を見ると、スポーツ選手の歩きなのに、どうしてああいう歩き方になるんでしょうかね。消防団の観閲行進みたいな……〟と。すると、中森さんは、〝あれは、軍隊式ですよ!〟と、吐き捨てるように言うのだった。

「軍隊式」が出たので、「軍隊」での身体所作や身体様式をもっと知りたかったが、中森さんは立ち上がって書棚から『百歳の遺言〈いのちから「教育」を考える〉』(大田堯・中村桂子の対談)を取り出し、幼少期での「表現の教育」の必要性を話し出した。話が長くなって、身体に差し障っては……と思い、〝私も、附属小学校での『火い火いたもれ』以来、生涯の取り組み課題になっているんです……〟と言って、退出してきたのだった。

後日、この「軍隊式」の歩行について考えてみた。すると、思い当たったのが「逆ナンバ」だった。「逆ナンバ」とは、ナンバの体勢で、左右の手足を「左手―右足」「右手―左足」と組んで動かすのである。狂言の稽古でのことで言えば、『柿山伏』での「とぼうぞよ　とびそうな」や、

『蝸牛』での「あめも　かぜも　ふかぬに……」の囃し言葉での動きである。私はその稽古の時、重心を低くしての体勢が安定せずふらついて苦労したが、考えてみれば、野球も、バドミントンも、卓球等も皆ナンバ的な動きを無意識のうちに取っている。ましてや、消防団の日頃の訓練（杭打ち、土嚢積み、ホース運び等）は、ナンバ的な動きの方が負荷が少なく効率がよい。だから、行進も、手足が交互ながら、無意識のうちに重心を低くし腰が落ち気味になってしまうのだろう。甲子園での行進や、消防団の観閲行進は、実に「日本人の身体行動＝ナンバ」の表れと思った次第である。

2018.10.24

○　ナンバとリズムのこと

私は、次の三つの姿が現れた時、その姿を「ナンバ的動き」と見てきた。①右手・右足（左手・左足）の同側運動　②膝をちょっと曲げ、重心を低くする　③下へのリズム　の三拍子が一体となった姿や動きが見られた時、それを「ナンバ的な動き」と捉えてきた。

今回、それを補完してくれる本に出合った。『日本人とリズム感』（樋口桂子著・青土社刊）である。著者は名古屋大学文学部を卒業後、東京芸術大学美術研究学科の修士・博士課程を経て、現在は大東文化大学で美学の教授をしている。その間、ベルギーのリジュール大学文学部にも留学したとか。

で、『日本人のリズム感』では、言語論から「リズム」を考察しており、「ナンバ」に対する私の気づかずにいた視点が面白かった。例えば、「稲作を主とする日本人のリズムの感覚は、その始まりからして、欧米圏のリズム感とは異なっていた。英語の「Take your time」という言い回しには、西欧文化における個の意識が炙り出されている。この表現は、字義通りなら「時間を取って下さい」である。しかし、time の意味の原型は、……「テンポ」である。「〈テイクユアタイム〉は本来、「あなたご自身の持つテンポ（リズム）を用いて下さい」の意味である。つまりこの表現は、あなたが本来持っている自分の身体のテンポを取るように促すものである。個人個人はそれぞれに最も相応しい身体のテンポや時間やリズムを持っているのであるから、それを取り戻してください、ということである。……、しかし私とあなたが同じ時間をもって同じリズムを共有することが求められる稲作文化の中に、個々人が別々のリズムを持ち込むことは好ましくなかった。」

と、主張している。前後に続く「稲作文化」云々の件は、「ナンバ」の発祥・起源を「農耕民族説」に依拠するのと類似していて何となく怪しいが、文化論としては、傾聴に値する。

とまれ、赤ちゃんが歩き始める時、「ナンバ」の動きになるし、高い所や台に上がる時は、右手右足の同側運動が楽だし、重いものを両手で持って動くには、自ずと「ナンバ」になる。これらの身体動作は、サルからヒトに枝分かれする時点から、起こっていたことを示唆している（※

「個体発生は、系統発生を繰り返す」）。

では、何故に日本流の「ナンバ」と、西欧流の「非ナンバ」が生じたのか。嘗て、『語順のルーツは日本語風』（日本人の身体行動・その三）で取り上げた「Ｓ＋Ｖ＋Ｏ」と「Ｓ＋Ｏ＋Ｖ」の違いも、石田淡朗君の〝あっちは、胸を張る文化なんです！〟も、前述の文に触れ、ようやく繋がってきた。つまり、ヒトの祖先の出アフリカ以来、ネアンデルタール人やクロマニオン人の西欧系の人は、協力よりも競争、協調よりも個性を求めてきたのだった。

2018.10.24

○「喃語のえほん」と呼吸

ついに、喃語が絵本になる時代になった。喃語とは、赤ちゃんが発する音のことである。言葉になる前の音声と言えばいいのか。「アー」とか、「パー」、「デェヤー」、「マ、マ、マ……」等の赤ちゃん言葉のことである。この喃語の絵本『まんまんぱっ！』を本屋の店頭で見つけたので手に取ってみたら、結構面白い。表紙には「あかちゃんの言葉で楽しくおしゃべり♪0歳から」とあった。また、同類書の紹介で『すっすっはっはっこ・きゅ・う』とあったので、早速注文して手に取ってみた。

この『すっすっはっはっこ・きゅ・う』（長野麻子作・長野ヒデ子絵　童心社刊）の背表紙内

側には、次のように書かれてあった。

「呼吸ってすばらしい
　呼吸をゆっくり吸いこんで吐きだすと気持ちがいい。呼吸は気持ちをリアルに表現している。いらいらして落ち着かないと呼吸は浅い。うれしいと呼吸は深く気分も前向きになる。声はまさしく呼吸から生まれ、言葉も音楽も呼吸から生まれる。呼吸は喜び、怒り、悲しみなど、さまざまな感情を表現できる私たちの命の源だ。
　毎日の生活には、いろいろなことが起こるが、時おり呼吸に意識を向けて「すー　はー」としてみると、思わぬ元気が起ってくるはず。
　そして声をたくさん出して、いろいろな気持ちを感じて、呼吸や声の素晴らしさを感じよう。なぜか不思議と楽しい気持ちになれるよ。

長野麻子　」

　私たちの取り組む「音楽劇」では、呼吸を大事にする。これは「ことば・詩」でも、同じである。上手い言葉・表現が見つからなかったので、〝呼吸が大事!〟、〝必ず息を吸わせてから……〟、〝息を吸うと、体が膨らむでしょう〟、〝ゴムボールのように柔らかく膨らませて……〟 等々の言葉で言い続けてきた。でも、呼吸作用に潜む本質は、子どもたちの内面の感情、そしてそれを表す言葉のひとつひとつを呼吸と結び付けることで、【身体の耕しと一体化させて、情緒の振幅や多様性を増大させる】所にあった。だから、子どもたちは、歌の出だしや、イメージする言葉の変わり目毎に、息を吸い込むことで、身体と情緒の解放や集中、弛緩や緊張、凝縮や多様を実感し、「その気」になっていくのだった。

今、私は改めて岐阜・八幡保育園長・稲葉直温さんの言葉、〝梶山さんは、「呼吸」しか言わなかったよ!〟の意味することを思い出すのである。

2018.11.6

○ 羽生結弦選手のスケーティングから

スケートの羽生結弦選手が、フィンランドの世界大会で297.12点という高得点を出して、一位に輝いた。オリンピックでの二連覇を達成しただけでなく、二年後の今大会では「四回転トーループ+三回転半」という前人未到の大技に挑戦して成し遂げたことは、チャレンジャー・フロンティア・パイオニアとしてあり続けている証左でもある。現在二三歳なので、心身共にまだまだ飛躍していくのだろう。

ところで、羽生結弦選手のスケートの滑りを見ていて、つくづく感心し感動するのは、その滑り方にある。特に、ジャンプをして回転する時の身体の滑らかさ・軟らかさである。他の選手は、回転のジャンプをする時に、その前の滑りに「あっ、次にジャンプをするなっ!」と予想・予感を感じさせる。つまり、前の滑りにジャンプのための予備動作があり、「エイッ！」とばかりに一気に跳び上がって回転する。別の言い方をすると、「溜めを作っておいて、一気にジャンプへと爆発させる」と言えばいいのか。

しかしながら、羽生結弦選手の動きには、それが極めて滑らかに進行し、滑りのリズムの中で、必然的にジャンプへと進行していくのである。だから、観ていて優雅だし、動きのリズムに引き込まれるようにして回転のジャンプを観てしまう。天性と言えばそれまでなのだろうが、同じ日本人であり、同じ宮城県人なのに……と思うと、ずっと不思議な気がしていた。

前にも触れた本だが、『日本人とリズム感』（樋口桂子著　青土社刊）に、次のように書かれた部分に触れ、その不思議さの謎が、ようやく氷解した。

「感性のリズムは身体のリズムをつくる。また身体のリズムは表現のリズムとして表れる。ヨーロッパのリズムは蹴って外へと開放してゆくもので、途中で区切ることなく、粘って、作用と反作用のバランスを保ちながら、循環する軌跡を描いて続いてゆく。このリズムは日本人の求めたものとは真逆であった。

それはまず、脚で地面を蹴って進む運動に表れている。蹴るためにはまず身体の準備をする。この準備がリズムを持続させてスムーズな連続して流れる時間をつくる。これが西洋近代音楽のリズムの基礎となった。ところがこれは日本人にとって捉えるのになかなか苦労するものであった。」

つまり、これは日本流「ナンバ」と西洋流「非ナンバ」の話。そして、羽生結弦選手は、「非ナンバ」の身体行動を身に着けたスケーターなのである。「非ナンバ」流の「蹴って、外に向かう」身体行動は、様々な所で底流をなしている。底流だから、表面だけをなぞっても、底には行きつかない。ここにも「保育園＝幼児教育」で取り組むべき大課題が潜んでいた。

2019.1.22

○〝「呼吸法」という術はない〟のこと

年が明けて、正月の松飾りが取れたと思ったら、音楽劇『かえるのつなひき』の曲を作曲してくれた和泉耕二さんの御母堂の葬儀の知らせが、新聞にあった。それで、葬祭会館での通夜の席に出た時のことである。

菩提寺は、曹洞宗・永厳寺とか。若い住職が読経に来ていたが、〝故人への供養になりますから……〟と、参会者に『般若心経』を一緒に唱和させるのだった。教本を渡されたので、後を追うように「観自在菩薩（かんじーざいぼーさつ）……」と声を出していったら、息を継ぐ箇所が分からない。一息のままずるずると読んでいったら、酸欠状態になってしまった。それで、読経する住職の声から息継ぎ箇所を探っていったが、どうも字句の固まりの切れ目が息継ぎ箇所ではなさそうである。それで、変な所で息を吸い、読経の流れから出遅れることしばしばだった。仏様と和泉耕二さんには、全く申し訳ないことをしてしまった。

話は変わるが、オリンピック・女子レスリングで三連覇を為した吉田沙保里選手の得意技は、「高速タックル」と言われている。私は、彼女の試合や練習風景を見たことはないが、その道の解説者によると、彼女の「高速タックル」は、予備動作なくしかけて来るので、相手は動きを読み取ることが出来ず、後れを取って不利な体勢に持ち込まれるのだとのこと。しかも、この「高速タックル」は、三歳からのレスリング修業の中で、身に着けたものだという。通常は、身体に息を入れてエネルギーを充満させ、集中力を一気に開花させて相手に挑みかかるのだが、これだと息を吸うことで身体に微妙な変化が起きてしまう。それを相手は感知して、防御や返し技の準備をする。だから、彼女は、三歳からの修業の中で、息をしないで、というより相手に気づかれないように呼吸をすることで、予備動作無しに瞬時に動ける身体動作を身に着けたのだろう。つまり、彼女は「気配を断つ」ことの出来る身体動作を身に着け始めたのだった。もし、そうならば、今後の修練次第では、甲野善紀さんのようにますます技に磨きがかかっていくと思えるのだが、一方で筋力に負荷をかけることに終始するウエイトトレーニングから抜け出せずにいるのだから、彼女の引退はやむを得なかったのかもしれない。（『美内すずえ対談集　見えない力』（世界文化社刊）を読むと、甲野善紀さんは、五〇代より六〇代の方が動けるようになったと言う。常人には達し得ない、恐ろしいほどの進化・深化である。）

余談になるが、私が七歳か八歳の時だった。当時流行った猿飛佐助の漫画にはまったのか、

「私は、草や土になれる」と思ったことがあった。近所の子どもたちが集まって、空き地でかくれんぼをしていた時である。普通は物置の陰とか電柱の陰とかに隠れるのだが、その時私は、側溝のくぼみに身を伏せたのである。そうして、息を止めて、側溝の土と一体化しようとしたのである。息を止めたと言っても、呼吸をしないわけにはいかない。それで、息を吸うか吸わないかの如く、感じる空気の流れに呼吸を乗せたのだった。するとと、鬼になったSちゃんは、数m程側に寄って来ても私に気付かないのだった。先に見つかった子たちは、私を見つけてゲラゲラ笑っているが、Sちゃんはますます焦って、私に気付かないのだった。Sちゃんが後ろを向いた隙に、今度は、十数cm程に生えた草株に移動し、腹這いになって草株の隙からSちゃんを見続けていた。それでもSちゃんは気が付かない。そうしてSちゃんが2mほど近寄った時に、鬼のSちゃんにタッチをしようと動いた途端、見つかってしまったのだった。その時、私は「土や草になれる」と思ったのだった。今にして思うと、土や草になれるわけないのだが、身動き一つせず呼吸を風の流れに合わせる（自然と一体になる）と、「気配を消す」ことが出来るということではないかと思うのである。

で、話を戻すと、歌唱では呼吸・息の使い方が民族によって違うし、ジャンルによっても違ってくる。オペラとミュージカルで違うし、オペラでもベルカントとドイツリートでこれまた違う。また同じ民族でも日本の民謡と演歌と歌曲で、これまた違ってくる。どれもこれも、「文化」の違い（身体行動と情念追求の違い）によるものだが、だとすると当面〝「呼吸法」という術はない〟と考えた方が、先に進めるのかもしれない。アンチテーゼである。

○「身体操作は、息を吐きながら……」のこと

2019.2.3

無意識にはそうしていたのに、何故気が付かなかったのか。やはり、私の身体は、瞬間息を止めて、力を入れる（気合を入れる）ことから、抜けていなかった。だから、筋力アップの「ウエイトトレーニング」が悪なのではなく、息を吐きながらの「ウエイトトレーニング」は、有っても良かったのかもしれない。

〈声を出す〉ことは、〈息を吐く〉ことと同値といってもいい。人間は、声帯にある襞を震わせて声にする。この襞を震わせるのに空気の流れ、つまり息が不可欠になる。尤も、その声は、単なる振動音でしかない。それで身体部位や腔（隙間・空間）を共鳴体とすることで、固有の声が生まれる（※詳しくは『あの人の声はなぜ魅力的なのか』鈴木松美著　技術評論社刊　参照）。だから、様々の発声訓練やボイストレーニングがある。西洋歌唱の世界では、ベルカント唱法が最高峰を成し、我が先輩の梶山正人さんは、それを求めてローマに旅立った。

ともあれ、声と息を同義・同値と考えると、梅若実・能楽師の「（息を）止めてはいけません。止めると体中の筋肉も止まってしまいますから。はーっとずっと吐いている状態でいます」（『対

談　みえない力』美内すずえ著　世界文化社刊）や、竹本住大夫文楽太夫の「息を使い切ってから が勝負……」（『日本の古典芸能（名人に聞く究極の芸）』河竹登志夫著　かまくら春秋社刊）の意味することがよく分かる。また、西洋の歌唱曲でアウフタクト（弱起）の多いのも頷ける。歌の出だしを力んで歌うと、歌の声が柔らかくきれいに響かないでしまう。歌声の迫力・ボリュームと、力みは違うのであろう。西洋語は、子音を多用する。当然、アウフタクトの曲は馴染みやすい。反面、日本語は母音が核をなす。しかも、身体行動がナンバなのだから、無意識の内に、出だしに力を入れて（気合を込めて）歌い出す。

嘗て、梶山正人さんは、『ふるさとのうた』の「みずのうえ……」の「み」の歌わせ方で苦労していた。指揮する教師も子どもたちも、「み」を勢いよく力んで歌っていたからだ。この曲はアウフタクトの曲で、「み」よりも「ず」に強調ポイントがあるのにである。梶山さんの、《「み」で片足を吸い上げて、「ず」で着地する》指揮法が思い出される。

話は変わるが、古武術の甲野善紀さんは、〝竹刀よりも、真剣の方が速く動く〟という。常識的に考えれば、真剣よりも竹刀のほうがはるかに軽いのだから、竹刀の方が扱い易い（速く動かし易い）と思いがちだが、真剣の重さ（重力）に逆らわない動き、つまり真剣の持つ重力を利用した動きをすれば、軽い竹刀よりも、素早く動かせることを体得したのだった。しかも、四〇代・五〇代でも体現出来なかったのが、六〇代になってようやく体現・体得するまでになったと言う。ここまで来ると、「息を吐きながら、身体操作……」の域を超えているのかもしれない。

○「公開の原則」のこと

2020.5.1

「新型コロナウィルス」禍で、三密（密閉・密集・密接）の回避と外出の自粛が続いている。私の関わる人権擁護活動や民生委員活動のみならず、沖縄での表現活動や里親ホームでの勉強も中止状態である。唯一、『もみじ食堂』のみがささやかに繰り返されている。しかし、この禍は、「自然の摂理」とでも言うべきもの。〝負けない！〟とか〝戦うぞ！〟と勇ましく抗うのではなく、軟弱に〈ひっそりさん〉で行くしかない。

で、本日の河北新報の文芸欄に、「意味ある期間にしたい」のタイトルで、歌舞伎役者・松本幸四郎のインタビュー記事が載っていた。二月下旬以降、歌舞伎公演が続々中止になり、この異例の事態に「意味があった期間だったと先々思えるように、将来、そして今、何をどう出来るのかを考えながら、日々過ごしています」と語るのだった。ただ、その記事の中で、三月大歌舞伎の舞台を無観客のまま上演して映像に収め無料配信したことに触れ、「お客さまがいないとはいえ、歌舞伎座の舞台で演じられたのは正直ありがたかった」と言っていたことに、「公開の原則」が私の脳裏を過っていった。

「公開の原則」とは、私らが「表現活動」に取り組む際の貴重な原則である。この「公開の原則」は、私らが三〇代に「スタニスラフスキィ・システム」の勉強会をした時に、身に染みるように学んだ課題・原則である。簡単に言えば、【演劇や朗読、舞踊等の「身体表現活動」に取り組んだ時は、必ず集大成の発表会をするべきである。そうすることで、身に着けた表現が本物になっていく】と言うものである。それで私は、何時の時でも子どもたちと「音楽劇」に取り組んだ時には、必ず「発表会」を持ってその〈総仕上げ〉としてきた。当然、「発表会」だから、観客がいる。その時々によっては、観客が親・保護者だったり、同職の教師だったり、外部からの不特定観客だったりしたのだが……。

でも、そういった「発表会」を重ねるほどに、「表現」形成の在り様が観客との交流・交感に影響されることに気づかされたのだった。つまり、演じる子どもたちの「表現」は、本人の努力と確実さの姿だけでなく、観客との交流・交感によっても昇華・結晶していくということだった。尤も、これは、プロの世界には程遠い、「表現活動」の入り口に立ったばかりの「発展途上人」とも言うべき子どもたちや駆け出しの教師、あるいは演劇研修生のレベルの話かもしれない。そう思った時、野村万作さんのＤＶＤビデオ『野村万作狂言集』を思い出した。人間国宝・野村万作の至芸を記録化したものだったが、芸の見事さは記録されていても、観客としての臨場感による感動は起きてこないのだった。

○「アニメ産業」の休業状態から

2020.5.17

今朝のＮＨＫ・ＴＶニュースで、「世界に誇る日本のアニメ産業が、今休業状態に追い込まれている……」のニュース報道がなされていた。その因は、新型コロナウイルス禍で、三密（密閉・密接・密着）の回避から、声優たちのアフレコ（アフターレコーディング）が出来ず、アニメの作品が休止状態に陥っているというのだった。

アニメの動画作成は、テレワークの形で、家庭や職場外でも分担作業が可能のようである。でも、出来上がった動画作品に音を入れる作業で、登場人物の声を吹き込む作業は、それぞれの登場人物がスタジオ内に一堂に会して、一本のマイクを中心に声を吹き込んでいく形でないとアニメ作品にはならないらしい。

このニュース報道を聴いていて、私は、〝何故、ならないのだろう？〟と考えさせられた。で、ようやく気付いたことは、「臨場感」ということだった。つまり、声優によるアフレコとは、「台本に書かれた文字言語を、音声言語に変える」というデジタル作業のことではなく、声優の発する声を通して、観客（※アニメ作品を楽しんで観ている視聴者）に、登場人物と同化させ、ハラハラ・ドキドキ（つまり「臨場感」）を起こすことが、声優の役割・演技だということなのである。だから、一本のマイクを中心にして、それぞれの「声」で、それぞれの役割・演技を示すことが必須不可欠のことなのだった。そうなるためには、声優が一堂に会し、アニメの動画を見ながらも、お互いの息遣いや感情の起伏を交流・交感しなければ、「臨場感」を創り出せない世界なのだろう。

こう考えて、更に確信的に気づいたことは、「間」のことだった。「間抜け」とは、相手との対応・対処がずれていて、頓珍漢な言動を取ってしまうことや、取ってしまう人を指す。でも、この「間抜け＝間が抜けている」の「間」とは、演劇の世界（古くは能楽や歌舞伎・文楽の世界）での、語りや会話、所作・動作が引き起こす「間」に起因する。自分のみの感覚でテンポやリズムを推し進めようとしても、相手との交流・交感を無視しては、演じる世界（表現の世界）は成立しない。しかも、その交流・交感が創り出す「間」は、「真実の感覚」や「無対象行動」、「リアリティ」だけでなく、「その気」になって無心に演じることや、「デフォルメ（誇張・強調）」とか演者の生き様までをも内包した「間」である。そういう「間」が演技の中に醸し出された時、観客も引き込まれ、一体化し、劇空間の共有が生まれる。結果、非日常の演劇が「日常」になるのであろう。

でも、それだけにこの「間」は、長い期間をかけて知識・教養・研究・研鑽等を重ね、実践的試行を重ね続ける中でしか身に着かない。めげず・あきらめず、そして楽天的に求め続けていくしかない。

あとがき

――「あとがき」は、次への助走・呼び水――

学生時、大学紛争で校舎がバリケード封鎖され、勝手に『自然弁証法』の自主ゼミをやっていた時のこと。チューター役でいた高橋金三郎先生は、〝「唯物弁証法（否定の否定・量質転化・対立物の相互浸透）」は、〔探偵術〕のようなもの〟と、私らに言ったことがある。でも、当時の私には、〔探偵術〕の意味することが全く分からなかった。

また、極地方式研究会での数理関係のテキスト「長さとかたち」や「重さ」、「面積」、「速さ」を高橋金三郎先生宅（参加者は、高橋金三郎先生のほか東北大学教授の細谷純さん、高校教師の中村敏弘さん、小学校教師の八島正秋さん、細谷研究室院生の松田さん・研さん、それに学生の私の七名）で、一週間に一度、水曜日の夜に集って試案を作っていた時のことだった。お茶飲みタイムで一服していた時、私は金三郎先生に、〝どうして、こういった活動が広まらないのでしょうかね？〟と訊いてみた。すると、金三郎先生は、〝私らの中身が、まだ弱いからですよ。「質」が深まれば、「量」が増えるでしょうから……〟と、当然だと言わんばかりにさらっと言ってきたのだった。

「表現活動」を本格的に勉強しなければ……と思い、三〇代から仲間の教師たちと演劇関係の勉強会を始めていった。そうしてたどり着いたのが『武智歌舞伎』だった。私は、この『武智歌舞伎』から「日本人の身体行動＝ナンバ」を知ったのだった。当然、私の中では「ナンバとは何か？」が追究課題になっていった。尤も、教育実践者を目指していても、研究者の道を歩む気はまるでなかった。これは、齢が七〇代半ばになった今も変わらない。

それでも、「日本人の身体行動＝ナンバ」との指標を持つことで、「表現活動」の具体的手立てが次々と見えてきたのである。古武術体現者の甲野善紀さんによれば、武智鉄二氏の「ナンバ」論は間違っているとか。私も怪しく思うところに気づかされる。しかしながら、武智鉄二氏から学んだ「日本人の身体行動＝ナンバ」は、沖縄の保育園・こども園と音楽劇の形で「表現活動」に関わってみると、具体的対応手立てを見い出すのに、大きな支えになっているのを実感した。まさに、私にとっての〔探偵術〕になっているのだった。

「個体発生は、系統発生を繰り返す」（ヘッケル）という進化に関しての説がある。ものの本によると、この説は、「優生学」の土台となり、遂には「ホロコースト」にまで行き着いたとか。時代の中で世界を席巻した「優生学」は、第二次世界大戦の終了後、「ホロコーストの断罪」という形で消失したかに見えた。しかしながら、日本では人権意識が芽吹く暇もなく、「優生保護法」という形で生き残り、多くの不幸を生み出してしまった。しかも、人権を無視した「優生学」の思考は、『津久井やまゆり園事件』という形で、現在も生き残り続けている。「二一世紀は、人権の世紀」を標榜するなら、「優生思想」の非人間性を拒否し続け、多様な世界を求め続けるだけである。

ともあれ、ヒトから人間への進化において、「人間が、人間らしくなっていく」には、人間の成長・発達が示す「典型」の姿を見出し、共生や多様な社会の「典型」の姿を見出していくことである。そしてまた、その「典型」の姿を共有し、共感していくことでもある。その「見出し」たり「共有・共感」するのに、私にはヘッケルの「個体発生は、系統発生を繰り返す」が、〝未来志向で、歴史を見直す〟思考として、大きな支えになって来た。

子どもたちと、「表現活動」として音楽劇に取り組む時、今までの学びを総動員して子どもたちに対峙するが、子どもには、私の学びなどどうでもいいらしい。思いつくまま、気の向くまま、時にはいじけた姿を引きずったまま、自由に動き出す。それでも、私の働きかけと子ども自身の内発・内動が一致すると、「その気」になって動き出すのだった。まさに、八木重吉の詩『美しく歩く』の「ちらっと美しくなる」姿が現出するのである。それは、私の学び（歴史からの学び）と子どもの「その気」になった姿（未来への典型）の一致点なのだろう。　だから「個体発生は、系統発生を繰り返す」は、私の〔探偵術〕になりだしたのだった。

何が、「表現活動」における「子どもの典型の姿」なのだろうか。私ののろのろとした歩み故に、余りにも「典型」例の財産が少ない。でも、不足を嘆いても始まらない。コロナ禍でも、上手く「道普請」を続ける中で、〃一里塚〃の石や土を集めては、次の〃一里塚〃目指して運び続けるしかない。それが、私の「生き方考」でもある。

〈著者紹介〉

田中憲夫（たなか のりお）

一九四七年、宮城県生まれ。

一九七一年、宮城教育大学卒業。

『生き方考』、『続・生き方考』、『幼児教育と音楽劇』、『趣味に生きる教師』（全て一莖書房刊）の他、宮城県内で小学校教師を務め、教育雑誌に算数教育・表現活動・学校経営の論文を多数投稿する。現在、人権擁護委員・民生委員・「学校づくりボランティアの会」として活動している。

続続・生き方考（私の思考・私の行動・私の生き方）
―― 教育、福祉、そして人権のことども ――

2021年 6 月30日　初版第一刷発行

著　者　田　中　憲　夫
発行者　斎　藤　草　子
発行所　一　莖　書　房
〒 173-0001　東京都板橋区本町 37-1
電話 03-3962-1354
FAX 03-3962-4310

印刷・製本／アドヴァンス
ISBN978-4-87074-235-2　C3337